MARIO VENTURI - LUCA S. CRISTINI

LA BATTAGLIA DI AZINCOURT VOL.1
25 ottobre 1415 - Enrico V fa strage della Cavalleria di Francia

THE BATTLE OF AGINCOURT - 25 OCTOBER 1415

BATTLEFIELD 005

SOLDIERSHOP PUBLISHING

AUTORI - AUTHORS:

Mario Venturi vive a Firenze, dove è nato il 21 novembre del 1945. Attualmente in pensione, ha svolto l'attività di restauratore di sculture lignee policrome presso il Laboratorio di restauro della Fortezza da Basso di Firenze in qualità di dipendente del Ministero dei beni Culturali e Ambientali. Si occupa di soldatini da oltre 30 anni. Universalmente riconosciuto come uno dei più grandi soldatinai di sempre, ha al suo attivo infiniti premi e riconoscimenti. World Master per l'Italia dal 1998. Grande specialista e conoscitore del mondo medievale. Autore di due libri e numerosi articoli su varie riviste del settore storico-modellistico. Questo è il suo primo lavoro per Soldiershop.

Luca Stefano Cristini, bergamasco, appassionato da sempre di storia militare. Dirige da diversi anni riviste nazionali specializzate di carattere storico uniformologico. Ha collaborato con gli editori Albertelli e De Agostini per varie loro pubblicazioni. Ha pubblicato un importante lavoro, su due tomi, dedicato alla guerra dei 30 anni (1618-1648). In questo grande lavoro sulla battaglia di Azincourt ha realizzato tutto l'apparato grafico delle tavole a colori, delle mappe in bianco e nero e dell'araldica. Cristini ha al suo attivo molti titoli delle collane Soldiershop.

NOTE EDITORIALI - PUBLISHING'S NOTE

Tutto il contenuto dei nostri libri, in qualsiasi forma prodotti (cartacei, elettronici o altro) sono copyright di Soldiershop.com. I diritti di traduzione, riproduzione, memorizzazione con qualsiasi mezzo, digitale, fotografico, fotocopie ecc. Sono riservati per tutti i Paesi. Nessuna delle immagini presenti nei nostri libri può essere riprodotta senza il permesso scritto di Soldiershop.com. L'Editore rimane a disposizione degli eventuali aventi diritto per tutte le fonti iconografiche dubbie o non identificate. I marchi Soldiershop Publishing ©, e i nomi delle nostre collane - Soldiers&Weapons, Battlefield e War in Colour sono di proprietà di Soldiershop.com; di conseguenza qualsiasi uso esterno non è consentito.

None of images or text of our book may be reproduced in any format without the expressed written permission of Soldiershop. com. The publisher remains to disposition of the possible having right for all the doubtful sources images or not identifies. Our trademark: Soldiershop Publishing ©, The names of our series: Soldiers&Weapons, Battlefield, War in colour, PaperSoldiers, Soldiershop e-book etc. are herein © by Soldiershop.com.

BATTLEFIELD

BattleField, è la collana che analizza i campi di battaglia dal punto di vista "oggi e allora" Offrendo prospettive inedite ed interessanti per lo studio degli scontri principali della storia attraverso armi, uniformi e mappe storiche di eserciti e soldati impegnate nelle più famose campagne militari. La collana è caratterizzata da una linea di colore rosso sulla copertina.

RINGRAZIAMENTI E CREDITI FOTOGRAFICI - PHOTOGRAPHIC CREDITS:

Gli autori desiderano ringraziare in particolare Paolo Fanfani, unitamente a Chiara Rossi, per la costante collaborazione. Ringraziano inoltre: Fabrizio Cheli, Serge Franzoia, Luca Giannelli, Joel Glass, Peter Greenhill, Andrea Iotti, Marco Lucchetti, Luca Marchetti, Tierry Moulinet, Franco Oltolina, Michele e Piergiorgio Pasquali, Ottavio Ramini, Enea Rovaris, Mario Turicchi e Romeo Zanoni. Per le foto dei soldatini poi utilizzate nelle tavole, oltre a quelle di Mario Venturi ricordiamo quelle eseguite da Mauro Scotti, Tierry Moulinet (la copertina del vol. 1), Fabrizio Cheli, Mario Turicchi e Luca Olivieri. Uno speciale ringraziamento va a Enrico Ricciardi per la bella mappa in 3D della battaglia di Azincourt.
La gran parte delle immagini sono state realizzate, raccolte o acquisite dagli autori sui luoghi e nei musei citati.

ISBN: 978-88-96519-49-3 1st edition: Febbraio 2012
Title: Battlefield 005 - **La battaglia di Azincourt Vol. 1 - 25 ottobre 1415 - Enrico V fa strage della Cavalleria di Francia** di Mario Venturi e Luca Stefano Cristini. Editor: Soldiershop publishing. Cover & Art Design: Luca S. Cristini. Illustrazioni a colori di Luca S.Cristini. Mappa in 3D di Azincourt realizzata da Enrico Ricciardi. Anna Cristini ha curato le parti in inglese.

Printing by/Stampato da ColorArt di Rodengo Saiano (BS) Italy.

In copertina : L'attacco della cavalleria francese ad Azincourt.
Cover: The charge of French cavalry at Agincourt.

► **La battaglia di Azincourt in una miniatura francese datata 1484.** L'autore rappresenta i prigionieri francesi, (Parigi, BNF, FR 5054, f. 11)
The Battle of Agincourt in a French miniature dated 1484. The author represents the French prisoners. (Paris, BNF, FR 5054, f 11).

PREFAZIONE - PREFACE
AZINCOURT, UNA BATTAGLIA AI LIMITI DELL'IMMAGINABILE

Azincourt (Agincourt per gli inglesi) è una delle pietre miliari della Storia militare. Al pari di Waterloo, Stalingrado, Lepanto e poche altre la battaglia di Azincourt segnò un'epoca. Questo epico scontro è anche importante perché ribalta il concetto di superiorità numerica. Dove il numero degli effettivi di un esercito non conta, se come accadde quel giorno di ottobre del 1415, gli uomini, in questo caso i francesi, non dotati di un buon comando, pur se assai più numerosi del nemico subirono una cocente sconfitta ad opera di pochi ma organizzatissimi inglesi. Azincourt, da un punto di vista squisitamente storico, è una delle chiavi di svolta della Guerra dei cent'anni, talmente importante che la sua fine viene considerata da alcuni storici come la fine del Medioevo. Titolare della vittoria e massimo fruitore fu re Enrico V, e la letteratura inglese, soprattutto tramite il suo maggiore esponente William Shakespeare, provvide ad esaltare a imperitura gloria. Tuttavia il vero protagonista di questo successo, fu invero un pezzo di legno curvo lungo 170 cm: l'arco lungo. Micidiale arma inglese (gallese per la correttezza), che insieme al fango, quel giorno copiosamente presente sul terreno di Azincourt, rallentò i cavalieri francesi, che alla ricerca di facile gloria, volutamente rinunciarono al supporto delle fanterie e dei loro micidiali balestrieri, lanciandosi in una carica forsennata e isolata, in cui tragicamente trovò la morte la gran parte della possente Cavalleria di Francia. Gravissime furono per i Francesi le conseguenze della sconfitta. Il Plantageneto venne riconosciuto il Re di Francia persino dall'Imperatore Sigismondo. Carlo VI ripudiò il proprio Delfino e riconobbe in Enrico V il suo erede, cui dette in sposa la figlia Caterina. E tuttavia il sentimento identitario prevalse e ci volle lo spirito di rivalsa e la pertinacia della contadina Jeanne d'Arc a ribaltare le sorti di un conflitto che vide alla fine l'allontanamento definitivo degli inglesi dalla terra di Francia. Vista la cifra tragica agita ed evocata dall'evento Azincourt, particolarmente appropriata pare la ricorrente citazione dell'autore alla "Giornata dei Santi Crispino e Crispiniano", quasi ad invocare la loro protezione per tutti i protagonisti dell'avvenimento, vincitori e vinti.

L'opera si articola in quattro sezioni ciascuna delle quali suddivisa nei due volumi che la compongono. La prima sezione consiste nella narrazione degli avvenimenti della campagna di Francia del 1415 culminanti nella battaglia. La seconda affronta nel dettaglio l'organizzazione degli eserciti al tempo di Azincourt e le caratteristiche degli armati con particolare attenzione al loro armamento offensivo e difensivo. Il commento alle tavole a colori per mezzo di ampie schede descrittive compone la terza sezione mentre la quarta e conclusiva raccoglie un ampio repertorio, completo di referenze araldiche, dei partecipanti alla battaglia, quelli francesi nel primo volume e quelli inglesi nel secondo.

Questo poderoso lavoro storico e iconografico, sviluppato su due volumi, è stato possibile solo grazie alla felice mano e alla grande conoscenza della materia di uno dei massimi esperti (di fatto) di storia militare medievale, il fiorentino Mario Venturi. Il mio contributo di illustratore è sempre stato diretto dalla sua abile regia, sia nella realizzazione di numerose tavole ricavate dai suoi modelli, sia nel "corso" propedeutico ed efficace in merito all'araldica quattrocentesca, che mi ha permesso di apprendere i rudimenti e i segreti di questa magica materia, realizzando più di un centinaio di stemmi spesso assai complicati. Va quindi a lui il mio personale e convinto ringraziamento. Sono certo che tale lavoro, assai curato e ricercato, sarà ben apprezzato dai numerosi appassionati di medievalistica e non solo. Concludo augurando a tutti una buona lettura.

Luca Cristini

INDICE - CONTENTS:

Introduzione .... Pag. 5

Eserciti e armi al tempo di Azincourt .... Pag. 7
L'esercito inglese: organizzazione - Enrico V, un protagonista fra tanti comprimari - L'esercito francese: organizzazione - La catena di comando.

La campagna .... Pag. 21
Premessa sulle fonti - La traversata - L'assedio di Harfleur - La caduta di Harfleur - La marcia - La notte prima della battaglia.

La battaglia (1a parte) .... Pag. 53
Lo schieramento inglese - Lo schieramento francese - La fase iniziale della battaglia - L'attacco della cavalleria francese.

Le tavole .... Pag. 61

Repertorio araldico francese .... Pag. 67

Bibliografia .... Pag. 78

...A Giuliana

INTRODUZIONE

E' l'anno 1400 e dopo i disastri che circa mezzo secolo prima, nel 1346, sono iniziati con la sconfitta di Crécy ad opera dell'esercito di Eduardo III d'Inghilterra culminata con la perdita della città portuale di Calais e proseguiti poi dieci anni appresso con la prigionia di re Giovanni il Buono catturato alla fine dell'infausta giornata di Poitiers, la Francia martorizzata e mortificata ha risollevato la testa riappropriandosi del posto preminente che le spetta nell'ambito dell'Occidente cristiano. Essa gode, e se ne avvale, di un prestigio mai più recuperato dai tempi di San Luigi. Niente lascia presagire che la storia stia per presentare alla Francia il conto di prossime drammatiche sconfitte. Il nuovo tentativo dell'Inghilterra e del suo re *lancastriano* di mettere le mani sulla Francia e di calcarne la corona trae origine dalla deposizione di Riccardo II, figlio del principe Eduardo di Woodstock e successore al trono di Eduardo III, per mano del cugino Enrico capostipite della casa di Lancaster, che nel 1399 ne usurpa il trono divenendo il quarto re d'Inghilterra del suo nome. Tanto vero che, al netto della scarsa possibilità di un effettivo controllo consolidato del territorio francese da parte degli occupanti inglesi e del conseguente successo della strategia di logoramento adottata da Bertrand du Guesclin, quella di svincolarsi dalle cose di Francia era stata scelta precisa di Riccardo e del suo *entourage*. Il nuovo sovrano, al contrario, si propone come il nuovo campione del nazionalismo inglese dal momento che è il partito della guerra che ne ha sostenuto l'avvento ed ora ne garantisce il potere. Nello stesso tempo in Francia, diversamente, l'unità del regno e l'autorità dello stato non sono al momento sufficientemente solide da far fronte alla crisi che si è aperta con l'aggravamento della malattia mentale del re Carlo VI. Questi, non a caso passato alla storia come "il Folle", salito al trono undicenne, dopo essere stato nel corso degli anni confinato a letto in preda ai suoi mostri per periodi sempre più lunghi, ha ormai perso la ragione in modo definitivo. Nella situazione che si è venuta a creare a causa della latitanza del potere centrale, le rivalità fra i membri della cerchia reale hanno campo libero. I *Principi del Giglio* Giovanni senza Paura, duca di Borgogna e Luigi d'Orléans sostenuti dai loro partiti si danno apertamente battaglia senza esclusione di colpi. I due sono cugini. Re Giovanni II di Valois (il Buono) aveva avuto fra gli altri figli Carlo, divenuto re, quinto del suo nome, e Filippo (l'Ardito di Poitiers) divenuto poi duca di Borgogna. Essendo questi due fratelli l'uno (re Carlo V) padre del re Carlo VI e di Luigi duca di Orléans, e l'altro (il duca Filippo) padre di Giovanni "senza Paura" che gli è succeduto come duca di Borgogna, fa sì che i duchi Luigi e Giovanni siano cugini. E' del 1407 l'inizio di una vera e propria guerra civile fra i partito degli Armagnacchi, sostenitori della casa d'Orléans (Luigi d'Orléans è genero del conte d'Armagnac, un gran signore del sud della Francia) contro quello dei Borgognoni del duca Giovanni

▶ **Particolare del monumento funerario di Carlo VI, re di Francia.** La follia di Carlo VI e la conseguente destabilizzazione nella gestione del potere in Francia sono presupposto alla sconfitta di Azincourt. (Saint-Denis, Abbazia)
Detail of the gravestone of Charles VI, King of France.

◀ **Gran bacinetto, Francia o Italia del nord, 1410-20.** In corrispondenza della nuca il coppo prosegue a formare la gronda. Giusto in questi anni la visiera passa dalla forma appuntata a quella rigonfia. (Parigi, Musée de l'Armée, fotografia dell'autore)
Large bascinet, France or northern Italy, 1410-20.

senza Paura. Il là è dato dall'assassinio a Parigi in rue Vieille du Temple di Luigi d'Orléans dove il suo nemico Borgogna insieme ad un buon numero dei suoi gli ha teso un agguato notturno. Giovanni senza Paura salderà il suo debito dodici anni più tardi morendo di spada al ponte di Monterau sopraffatto a tradimento dai sostenitori del nuovo duca d'Orléans. Dal canto suo Enrico V, succeduto al padre Enrico IV sul trono d'Inghilterra nel 1413, cerca di sviare le turbolenze che ne agitano la terra e la dinastia rispolverando l'antica teorica pretesa dei Plantageneti di regnare sulla Francia. In un primo momento lo fa tentando la carta della via diplomatica cercando di accordarsi sul controllo di una parte soltanto del regno, purché comprenda la Normandia, ricca ed in posizione tale da consentirgli di tenere gli occhi puntati su Parigi e di conseguenza sotto scacco la dinastia rivale. Le sue richieste non finiscono qui, in aggiunta Enrico chiede metà della Provenza, il riscatto mai pagato di Giovanni il Buono, la mano di Caterina figlia del re di Francia (che sposerà nel 1421) e due milioni di corone. Nel 1415 la fazione degli Armagnacchi, in quel momento al potere, dice no a questa esorbitante richiesta. In Francia considerano Enrico poco più di un giovinastro dedito al gioco, al vino e alle donne e non si aspettano da parte sua quella che si sta per rivelare come la più risoluta delle risposte: portare la guerra sul continente. Bella in questo senso la narrazione di Shakespeare quando immagina il reggente di Francia che in segno di scherno invia in regalo ad Enrico una scatola di palle da tennis! Ma, sempre come ci racconta "il Bardo", il giovane re da subito non ha dubbi su come reagire: una *chevauchée* secondo lo stile consolidato dei suoi predecessori, rapida, implacabile seppur nei suoi obbiettivi limitati, tale da intaccare nel profondo il morale dell'avversario oltre a fornire il diversivo di una ghiotta occasione di menar le mani ai suoi sempre riottosi baroni. Riottosi e traditori, visto che lo stesso cugino di Enrico, Riccardo conte di Cambridge fratello minore di Eduardo duca di York in combutta con il tesoriere reale Henry Scrope e Sir Thomas Grey sostenuti dal lollardo Sir John Oldcastle e dal gallese Henry Percy, figlio dell'Hotspur, tramano affinché una sollevazione contro Enrico porti sul trono il giovane Edmund Mortimer, quinto conte di March figlio adottivo del deposto re Riccardo II. Edmund non regge la pressione, incalzato rivela tutto alla vigilia del giorno stabilito per l'assassinio di Enrico. Cambridge, Scrope e Grey vengono catturati e il re non ha il minimo tentennamento nel volere la loro testa. L'esecuzione dei tre avviene immediatamente. Turbolenza dinastica delle più classiche? La campagna di propaganda promossa da re Enrico la ignora e parla di oro francese promesso ai congiurati. Oro e palle da tennis, tutte invenzioni forse, ma di certo buoni argomenti per giustificare la guerra sul continente.

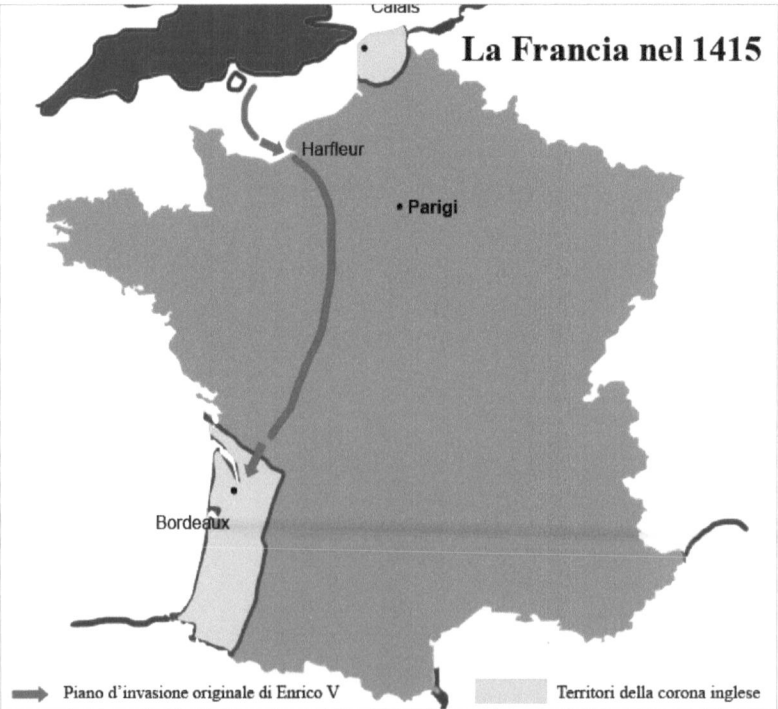

Superata la crisi Enrico può tornare a rivolgere la sua attenzione all'invasione della Francia. Il 7 agosto lascia il castello di Porchester per raggiungere prima Porthsmouth e poi Southampton ai cui pontili è attraccata la sua nave ammiraglia pronta a salpare. Si porta dietro il povero Edmund Mortimer, il congiurato pentito; gli ha messo addosso un'armatura perché si aggreghi all'esercito mobilitato per l'invasione.

ESERCITI E ARMI AL TEMPO DI AZINCOURT (1a parte)

Per secoli gli eserciti dell'Europa feudale hanno combattuto nello stesso modo. Lontani da qualsiasi forma di "sofisticheria" tattica o strategica squadroni di *milites* montati sui loro poderosi cavalli da battaglia si fronteggiano sul campo. Dopo una carica a ranghi serrati rombante di zoccoli si giunge allo scontro *lance couchée* in uno schianto di cavalieri divelti dalle loro selle e in uno sfarfallio di schegge di lance che si spezzano. Benché in non rari casi tutta una serie di circostanze specifiche abbiano finito per attribuire, in alternativa a quanto appena detto, un ruolo rilevante a formazioni appiedate e/o a sistemi di fortificazione campale, la società feudale, così com'è strutturata, affida al nobile a cavallo, il *miles* appunto e ad una formula marziale delle più semplici, il compito e le sorti del confronto armato. La formula è quella della destrezza nell'uso delle armi abbinata alla forza fisica individuale. L'ideale cavalleresco, improbabile germoglio spuntato come per incanto dall'arido terreno dei Secoli bui, permea tutta la società contribuendo sì al suo rilancio ma finendo di contro per scandirne i tempi lenti della sua evoluzione verso forme sociali e statuali più moderne.

Le esperienze comunali specialmente italiane e fiamminghe dei secoli XII e XIII producono i primi cambiamenti nell'ambito dell'organizzazione militare e della prassi guerresca. Gli eserciti comunali si strutturano in prevalenza grazie alla mobilitazione di grossi contingenti appiedati composti da cittadini comuni inquadrati in reparti di specialisti (palvesari, balestrieri, arcatori, picchieri detti anche *lanze longhe*) o come fanti generici. La cavalleria, composta in questo caso sia da nobili che da gente comune, mantiene almeno in una prima fase un ruolo importante ma agisce sul campo in raccordo con i movimenti della fanteria. Per i membri delle classi popolari questo cambiamento acquista il carattere di una vera e propria conquista le cui implicazioni sono facilmente intuibili.

▶ **Un Cavaliere prende commiato dalla propria dama.** Miniatura di un codice parigino dedicato all'opera di Christine de Pizan, 1410/1414. Il Cavaliere indossa un'armatura completa di piastra metallica al pari della testiera del cavallo. (Londra, British Library, Harley, MS 4431)

A knight greets his lady. Thumbnail of French code dedicated to the work of Christine de Pizan, 1410/1414.

◀ **Progetto originario della campagna inglese del 1415.** La carta evidenzia i possedimenti inglesi in Francia limitati al Bordolese (Aquitania) ed alla città portuale di Calais. Il piano iniziale di Enrico V prevedeva di conquistare la città di Harfleur per poi utilizzarla come punto di partenza per una profonda incursione in territorio francese fino al raggiungimento dell'Aquitania. Riproponendo così la sperimentata formula della *chevauchée* si sperava di abbattere il già di per sé traballante potere reale di Carlo VI portando la guerra nel cuore della Francia.

Original plan of the English countryside in 1415.

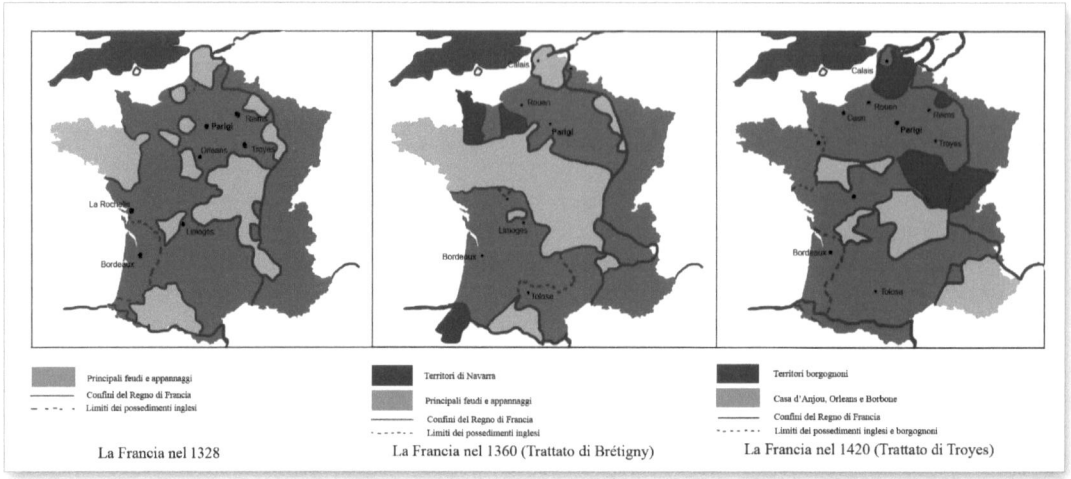

La Francia nel 1328 — La Francia nel 1360 (Trattato di Brétigny) — La Francia nel 1420 (Trattato di Troyes)

La situazione evolve tanto che nel corso del confronto secolare fra il regni d'Inghilterra e di Francia conosciuto come la Guerra dei cent'anni il modo di guerreggiare tipico della società feudale declina in modo irreversibile. Così il nobile Cavaliere perde il suo ruolo centrale soppiantato da altri tipi di combattente come l'arciere o il fante montato ed è costretto a scendere dal suo cavallo e combattere a piedi gomito a gomito con gli armati provenienti dalle classi sociali più umili. Nell'ambito di queste trasformazioni gli eserciti delle varie nazioni europee caratterizzati fino a quel momento da una sostanziale omogeneità sia nella composizione che nell'organizzazione, assumono progressivamente connotazioni sempre più diversificate. Quello inglese e quello francese che si fronteggiano la mattina piovosa del 25 ottobre 1415 ad Azincourt sono due eserciti profondamente diversi. Lo sono nella composizione ma anche e soprattutto nell'atteggiamento e nella visione di se stessi di coloro che vi partecipano, e questo a prescindere dalle implicazioni derivanti da quella situazione specifica.

L'ESERCITO INGLESE

ORGANIZZAZIONE

All'inizio del Trecento l'organizzazione dell'esercito del re d'Inghilterra non si discosta da quella delle forze in armi degli altri potentati dell'Occidente cristiano. Premesso che ancora in quella fase le fanterie continuano ad avere un impiego scarso e spesso irrilevante, va da sé che l'organizzazione di un esercito formato da Cavalieri sudditi di un sovrano è di tipo feudale. In ragione delle terre concessegli dal re, ogni nobile, dal duca allo scudiero, è tenuto a servirlo in armi, equipaggiato ed armato a proprie spese e seguito da un numero di armati adeguato al suo grado ed alla sua condizione. Benché la relativa autonomia ottenuta nel 1215 dai baroni d'Inghilterra con la *Magna Charta*, obblighi i re d'Inghilterra ad essere di volta in volta molto "convincenti" nei confronti dei propri nobili spesso riottosi e recalcitranti a seguirlo nelle sue attività militari, il sistema nella sostanza tiene. Contribuiscono al permanere di questa situazione varie forme di pagamento che finiscono per arrivare nelle scarselle dei consenzienti, sia in forma preventiva che consuntiva, come proventi della suddivisione del bottino di guerra e del riscatto dei prigionieri oppure con la concessione di nuovi feudi a chi si sia maggiormente distinto in guerra.

Tornando agli obblighi di derivazione feudale, ancora vigenti nei primi anni del XIV secolo, le modalità ed i tempi in base ai quali ciascun uomo libero dai 16 ai 60 anni è tenuto a servire in armi dipende dal suo censo acclarato. Con le ovvie varianti tipologiche e quantitative dovute all'evoluzione della struttura sociale e della prassi guerresca i tipi di combattenti derivanti dalla suddivisione sopra detta sono in questa fase le seguenti: Cavaliere, armato a cavallo (con maglia di ferro), fante montato, fante (con imbottito), arciere con arco e frecce.

Le guerre di Scozia e di Galles delle prime decadi del Trecento e l'interazione degli esiti che da queste derivano con l'inizio della Guerra dei cent'anni portano ad un cambiamento della situazione. Da una parte le progressive restrizioni che il parlamento impone ai bilanci di guerra del re, dall'altra l'affacciarsi e l'imporsi sulla scena di un nuovo modo di guerreggiare che gli eserciti feudali del Plantageneto patiscono nel contesto delle ripetute situazioni critiche patite ad opera appunto di forze appiedate scozzesi e gallesi, creano i presupposti del cambiamento dei criteri di reclutamento e di organizzazione dell'apparato militare inglese. Il principale interprete del nuovo modo di agire in combattimento sul campo è l'arciere armato di arco lungo utilizzato facendolo agire in grossi raggruppamenti in modo tale da far cadere sul nemico una pioggia di frecce scoccate contemporaneamente.

L'altra importante novità è costituita dall'introduzione di quella nuova formula di reclutamento, o meglio ancora di ingaggio, passata alla storia col nome di *indenture*. Tale formula caratterizzerà per almeno due secoli l'organizzazione militare inglese creando i presupposti di una sostanziale invincibilità. Materialmente l'*indenture* è un documento redatto su un foglio di carta (o pergamena) tagliato in due con un andamento a zigzag tale da formare dei denti. Trattandosi della scrittura di un contratto il taglio serve anche simbolicamente, facendo combaciare all'occorrenza le due parti conservate separatamente da ciascun contraente, a garantire che l'accordo sia rispettato in tutte le sue parti. Nella sostanza il contratto appena descritto rappresenta un cambiamento radicale nel rapporto fra un sovrano e chi, suddito o altro, si impegni a servirlo in guerra. Nasce così quella figura di combattente che dalla condizione di "suddito" *tout court* passa a quella che definirei di "professionista-suddito" con tutte le implicazioni che questa comporta. Ecco che quella che a prima vista si presenta come un storica limitazione del potere regio d'oltre Manica, finisce per rivolgersi a favore della macchina bellica dei re inglesi nella misura in cui crea i presupposti della formazione di una classe militare che, facendo propri gli aspetti positivi del mercenariato, non ne imita i difetti. Questo anche grazie al fatto che il soggetto contrattualizzato rimane pur sempre un suddito, unito al suo signore dall'appartenenza di classe, dall'identità nazionale, e, salvo le eccezioni derivanti dalle crisi di tipo dinastico, dal comune interesse. Altro elemento peculiare dei contingenti ingaggiati con la nuova formula è quello di essere composti da armati di

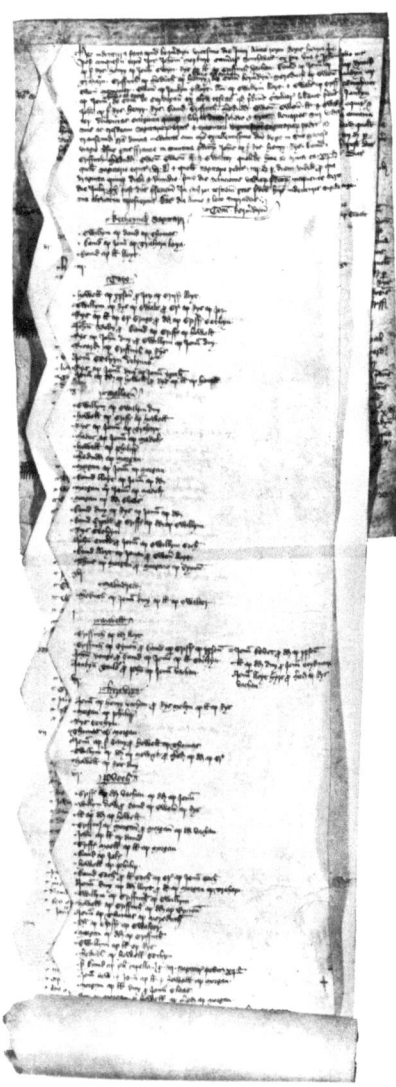

▲ **Contratto d'ingaggio di arcieri gallesi** per la campagna di Francia del 1415. Il taglio a zigzag che divide in due il documento chiarisce il significato del termine *indenture*.

Contract of engagement of Welsh archers for the French campaign of 1415. The zig-zag cut that bisects the document clarifies the meaning of the term indenture.

◄ **La Francia durante la Guerra dei cent'anni.**
France during the Hundred Years' War.

▲ **Paliotto con le storie di S. Jacopo, 1367/71.** Questo splendido bassorilievo d'argento testimonia come già nel corso del terzo quarto del XIV secolo fossero in uso pettorali di piastra metallica monopezzo. La costolatura mediana ne conferma il principio costruttivo. Benché la falda a grembiala composta da tredici lame sia tipicamente toscana è probabile che l'autore si ispiri al look degli inglesi della Compagnia Bianca di Giovanni Acuto (John Hawkwood) operante all'epoca nell'Italia centrale il cui equipaggiamento non poté non influenzare le tipologie locali. Il resto dell'equipaggiamento non ha alcuna attinenza con quanto in uso all'epoca della battaglia di Azincourt. (Leonardo di ser Giovanni, Pistoia, Cattedrale, in situ)

Paliotto with the stories of S. James, 1367/71. This beautiful silver bas-relief shows as in the late fourteenth century are used one-piece metal chest plates. Although the groundwater in grembiala style of thirteen blades is typically Tuscan, it is probable that the author is inspired by the look of the British White Company of Giovanni Acuto (John Hawkwood) operating in central Italy at the time. The rest of the equipment has no similar on what was in use at the time of the battle of Agincourt. (Leonardo di Ser Giovanni, Pistoia Cathedral, in situ)

tipo eterogeneo, vale a dire dal Cavaliere (ma anche principe, duca, conte, ecc.) al fante generico, passando per l'arciere sia montato che a piedi e per l'armato a cavallo generico (*hobilar, valet*). Nei primi tempi dell'adozione di questo sistema ci si era orientati verso la costituzione di gruppi composti da un numero identico di uomini d'arme montati e di arcieri a piedi. Progressivamente il numero degli arcieri era cresciuto, erano stati introdotti gli arcieri a cavallo che avevano dato sempre maggiori prove della loro utilità ed infine erano stati inseriti anche gli armati generici a cavallo ed in alcuni casi anche elementi di fanteria generica. Seguire l'evoluzione della struttura e della composizione dell'*indenture* avvalendosi dei contributi degli studiosi di lingua inglese offre in questa sede l'occasione di approfondire l'argomento relativo al significato del termine uomo d'arme, in Inglese *man-at-arms*. Credo sia condivisibile sull'argomento l'opinione che traspare da quanto scrive Ian Heat nel suo pregevole libro *Armies of the Middle Ages, volume 1*. Nella disamina che lo studioso dedica all'organizzazione dell'esercito inglese di epoca basso medievale emerge con chiarezza che nelle elencazioni di armati del XIII secolo e della prima parte del XIV i soli duchi, conti, baroni, cavalieri e scudieri (cioè i nobili) sono definiti uomini d'arme. Dunque quel termine *arme* in qualità di componente della definizione per esteso va inteso come *arme = stemma*, attributo nobiliare per eccellenza. Sempre a detta dello Heat solo successivamente anche gli elementi appartenenti alla classe popolare, favoriti appunto dal sistema dell'*indenture*, ove equipaggiati ed addestrati adeguatamente, vengono assimilati al di dentro dei contratti di ingaggio con l'estensione anche a quest'ultimi della qualifica di uomini d'arme con paga equiparata a quella degli scudieri.

Nondimeno la consultazione del ruolo degli armati inglesi partecipanti alla campagna del 1415 contenuto del manoscritto *Rimer's Foedera*, facente parte del volume *Sloane MS. 6400* del British Museum, riserva a mio avviso un ulteriore elemento di riflessione. In detto elenco compare la composizione delle *retinues* dei vari nobili inglesi. Quella di Humphrey, duca di Gloucester è composta, oltre che da 600 arcieri montati, da 200 uomini d'arme di cui 6 *Knights* e 193 *Esquires*; dunque, compreso lui stesso 200 nobili. Altro esempio, quella del conte di March, sempre oltre gli arcieri, è composta da 60 *Men-at-arms* di cui 1 *Banneret*, 3 *Knights* e 55 *Esquires*; e quindi, compreso lui stesso 60 nobili.

Sempre consultando lo stesso manoscritto emerge con chiarezza che la dimensione di una *retinue indentata* poteva essere la più varia. Quella del duca di Clarence comprende 240 uomini d'arme (1 conte, 2 banderesi, 14 Cavalieri e 222 Scudieri) e 720 arcieri montati; quella di Esmond, Lord Ferrers conprende 12 uomini d'arme e 36 arcieri a piedi e per concludere quella dello Scudiero Stephen Hatfeld consiste in 2 uomini d'arme e 6 arcieri a piedi. All'evidente popolarizzazione e professionalizzazione dell'attività militare, in una misura che non può non toccare il nervo scoperto dei loro *Knights*, i re d'Inghilterra contrappongono la mistica dell'Ordine della Giarrettiera. Forse ispirata al preesistente Ordine castigliano della Banda, l'idea di Eduardo III di istituire un ordine cavalleresco, presieduto da un vertice binario costituito dal sovrano e dal suo primogenito erede al trono, produce un cameratismo guerriero elitario alla stregua di una rinnovata *Tavola Rotonda* e favorisce il consolidamento di un sentimento di fideizzazione verso la casa regnante. Così il gran barone o il Cavaliere in armi per contratto si consola considerandosi in cuor suo, e al di là di tutto, un novello Lancillotto. Basta in questo senso scorrere il succedersi delle varie cooptazioni per rendersi conto di come i nomi dei membri dell'Ordine, ad esclusione di quelli dei regnanti stranieri accolti per ovvie ragioni di carattere politico, appartengano quasi tutti a personaggi che compongono la ristretta cerchia dei capi e consiglieri militari dei vari sovrani. L'esercito inglese che salpa dalle coste dell'Hampshire ed approda sulla costa normanna è in tutto e per tutto strutturato nelle forme appena descritte. Secondo Il computo riportato nel già citato manoscritto *Sloane MS. 6400* il totale delle forze è di 2.536 uomini d'arme, 4.128 arcieri montati, 3771 arcieri a piedi e 98 balestrieri ai quali si aggiungono altri 880 fra artiglieri, armaioli, manifattori di varia natura, muratori e carpentieri, cuochi e chierici più una quindicina di trombettieri, suonatori di cornamusa e menestrelli vari. Non è dato sapere quanti di questi siano stati presenti sui campi fra i boschi di Tramecourt e Azincourt ed abbiano dato fiato ai loro strumenti per celebrare la vittoria del giorno dei Santi Crispino e Crispiniano.

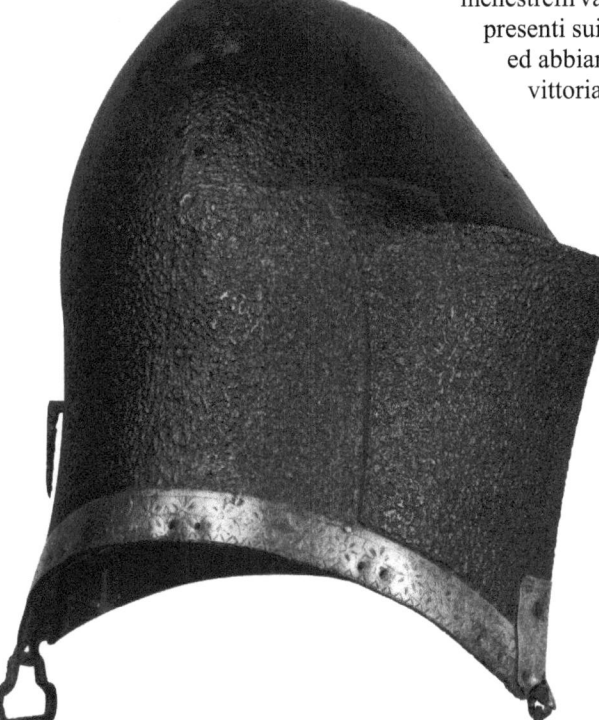

◄ **Elmo di Enrico V.** Insieme allo scudo ed alla spada, l'elmo di Enrico V faceva parte dell'allestimento funerario della sua tomba nell'Abbazia di Westminster. Si ritiene che questo elmo sia stato portato in processione durante il funerale di Enrico V del 1422. Se da una parte la leggenda vuole che sia stato indossato ad Azincourt, alcune valutazioni di merito rendono la cosa molto poco probabile. Infatti, oltre ad altre considerazioni derivanti dallo studio approfondito del reperto, la tipologia alla quale siamo di fronte è quella di un elmo da torneo e non da battaglia. (Londra, Westminster Abbey)

Helmet of Henry V. Along with the shield and sword, the helmet of Henry V was part of the funerary furnishings of his tomb in Westminster Abbey.

ENRICO V, UN PROTAGONISTA FRA TANTI COMPRIMARI

Un'importante caratteristica degli eserciti inglesi operanti durante tutto l'arco del Medioevo è che il re ne ha il comando assoluto salvo rare eccezioni. Anche se questa può sembrare una situazione comune a tutte le altre entità statuali dell'Occidente cristiano dell'epoca, quella del regno d'Inghilterra presenta alcuni aspetti aggiuntivi che ne determinano la specificità. In Inghilterra, diversamente da quanto accade in Francia l'autorità in campo militare del sovrano non è supportata da una struttura gerarchica ad essa sottostante costituita da una serie di cariche elettive di alto comando. Mi riferisco al conestabile, ai marescialli e agli altri ufficiali di nomina regia che in Francia hanno un ruolo predominante . I loro omologhi di oltre Manica, il *Constable* e l'*Earl Marshal* hanno da un punto di vista strettamente militare compiti marginali e comunque non quelli di comando.

Le imprese di Francia, vale a dire quei profondi *raids* tesi a far guasto in terra nemica ma privi di obbiettivi strategici detti *chevauchées*, compiuti da contingenti inglesi con a capo personaggi diversi dal re fanno eccezione e non modificano il concetto espresso in precedenza. L'impresa del 1356 culminante con la battaglia di Poitiers vede i due contingenti inglesi impegnati agire sotto il comando di Eduardo, Principe di Galles (detto il Principe Nero) il primo, e di Enrico di Grosmont, duca di Lancaster il secondo. Le cavalcate del 1369 e del 1373 vedono alla testa del corpo di invasione Giovanni di Gaunt, anche lui duca di Lancaster. Pur attribuendo all'impresa del Principe Nero implicazioni rispetto alle altre anche diverse, la cui trattazione esula dall'argomento di questo libro, le iniziative militari sopra elencate hanno un carattere sostanzialmente semi piratesco affidate prima al Grosmont, poi al Gaunt, non lontane da un sorta di "appalto a saccheggiare", portate avanti, in aggiunta, da qualcosa di profondamente diverso da un vero e proprio esercito reale. La formula dell'*indenture* adottata dall'esercito inglese a partire da alcune decadi prima rende possibile concepire prima e mettere in atto poi imprese come quelle di cui si sta trattando.

La campagna del 1415, culminante nella battaglia di Azincourt invece non fa eccezione. Il re d'Inghilterra Enrico V sbarca in Francia per rivendicarne la corona portando con se il fior fiore dei suoi nobili che gli mettono a disposizione migliaia dei loro uomini d'arme e dei loro arcieri. La sua *leadership*, già molto forte si è ulteriormente rafforzata sventando la congiura tesa a spodestarlo ed ucciderlo. Al pari dei più marziali fra i sovrani inglesi che lo hanno preceduto è attorniato da un gruppo di fedelissimi uomini di guerra. Alcuni si sono formati insieme a lui alle armi ed alla vita; altri sono vecchi compagni d'avventura di suo padre Enrico Bolingbroke, del quale hanno favorito l'ascesa al trono con la spada e la daga in mano. La storia dirà che al di là di tutti questi ottimi comprimari sarà la stella di Enrico quella destinata a brillare.

Figlio di Enrico di Lancaster, detto Bolingbroke dal suo luogo di nascita, conte di Derby (futuro re Enrico IV) e di Maria di Bohun, Enrico di Monmouth nasce del 1387 sotto il segno della bilancia. A dodici anni il re Riccardo II che se lo è tirato dietro in qualità di ostaggio nella sua campagna d'Irlanda, lo fa Cavaliere. Enrico padre, immediatamente dopo essersi messa in capo la corona d'Inghilterra arraffata deponendo Riccardo, lo fa Cavaliere una seconda volta. Proiettato così giovanissimo sul palcoscenico della storia Enrico, ora principe di Galles, nel 1400 è in armatura contro gli scozzesi. Nel 1402 è in campagna contro il più naturale dei suoi nemici, vale a dire colui che gli si contrappone proclamandosi a sua volta principe di Galles (*Tywysog Cymru*): Owain Glendwr. L'anno successivo è quello dell'abbraccio mortale con i Percy, maestri di guerra del giovane principe prima, nemici sconfitti in battaglia poi. Membri entrambi della più importante famiglia del nord del paese, Henry (Harry) Hotspur, figlio di Henry, primo conte di Northumberland e suo zio Thomas, conte di Worcester avevano sostenuto il colpo di stato con il quale Enrico di Lancaster si era impadronito del trono. Ora, dopo più o meno milleduecento giorni dall'avvenimento i Percy si trovano a capo di un esercito messo in campo per abbattere quel re che hanno contribuito ad incoronare. Alleatisi con Owain il gallese, Harry Hotspur e suo zio contavano di riunirsi con le sue forze, ma il re vi si è contrapposto. La battaglia si svolge il 21 luglio del 1403 a Shrewsbury. Enrico di Monmouth, sedicenne, posto dal padre al comando dell'ala sinistra combatte valorosamente e contribuisce nell'infliggere ai *Percies* una totale disfatta. La giornata termina con la morte di Harry. Successivamente i rivoltosi si riorganizzano formando una coalizione ancora con il Glendwr e con i Mortimer ma il 19 febbraio del 1408 vengono sconfitti ai pratoni di Bramham nello Yorkshire ad opera di un esercito reale comandato da Sir Thomas Rokeby. Henry Percy, conte di Northumberland viene ucciso. I Mortimer, evidentemente pentiti di avere anch'essi sostenuto l'ascesa di Enrico di Lancaster fino al punto di imparentarsi con la famiglia di Owain Glendwr, non si daranno per vinti tanto che Edmund Mortimer, quinto conte di March farà parte della congiura contro Enrico V scoperta a Southampton all'immediata vigilia della campagna di Francia del 1415.

Malgrado quella di Shrewsbury sia l'unica giornata di battaglia nella quale il giovane principe Enrico sia coinvolto, lo stato di continua conflittualità di cui gli avvenimenti sopra descritti sono gli elementi salienti, ne plasma la personalità in virtù di tutte quelle condizioni di disagio fisico e morale che derivano dall'essere coinvolti in avvenimenti guerreschi quali le lunghe marcie di trasferimento, o i prolungati soggiorni negli attendamenti prospicenti le mura di una città assediata o dal pericolo che si profila inatteso causa il palesarsi da dietro un cespuglio di un nemico durante una scaramuccia. La risolutezza con la quale alla morte del padre sopraggiunta nel 1413 assume la guida dell'Inghilterra sarà la cifra che caratterizzerà nel bene e nel male tutta la sua esperienza, purtroppo per lui breve, di sovrano e di uomo. La decisione con la quale rivendica i suoi diritti sulla corona

▲ **Il ritratto del re d'Inghilterra Enrico V,** dipinto su tavola di autore ignoto, accoglie in prima posizione il visitatore della National Portraits Gallery di Londra.

The portrait of King Henry V, by an unknown artist, welcomes the visitor in the first position of the National Portraits Gallery in London.

francese, la lucidità con la quale individua gli obiettivi dell'impresa militare oltre Manica ed i mezzi atti al conseguimento degli stessi, infine la linea di condotta tenuta durante tutta la campagna al cui acme sta la battaglia di Azincourt, consegnano Enrico V alla storia come un protagonista assoluto. Oltre tutto anche disinformato si dimostra il buon Delfino di Francia con la sua balorda spedizione di *palle da tennis* ad un giovane uomo tutt'altro che giocherellone. Sempre che questo episodio sia qualcosa di diverso da una probabile seppur molto intrigante leggenda.

Di certo non soltanto dalla determinazione del capo traggono sostanza le enormi risorse necessarie a mettere a punto una campagna come quella che Enrico vuole intraprendere. Né di uomo solo al comando può trattarsi. Intorno a lui si muovono i comprimari, numerosi e validi. Alla raccolta dei fondi, in varie forme, provvedono il vescovo Henry Beaufort zio di Enrico ed il tesoriere reale conte di Arundel. L'ammiraglio conte di Dorset sovrintende alla messa a punto della flotta necessaria per il trasporto in Francia della forza armata inglese. Il servizio di spionaggio è affidato alla responsabilità di Richard Courtenay, vescovo di Norwich. Altri seguono l'approvvigionamento di armi e di strutture logistiche. Sul piano strettamente militare Enrico è attorniato da tutta una serie di ufficiali fidati e di provata esperienza. Significativo in questo senso è l'elenco pubblicato da Sir Harris Nicolas nel suo studio dedicato alla battaglia di Azincourt, sul quale più volte torneremo in questo libro. Tale elenco, redatto in base al confronto di quelli riportati dalle varie fonti primarie contiene i seguenti nomi qui proposti in

▲ **Sigillo di Enrico V.** Si notino il ribaltamento dello stemma (inquartato compreso) sul lato destro della coverta, il cimiero sulla testa del cavallo e la catena d'arme rappresentata convenzionalmente ma in disuso all'inizio del '400.

Seal of Henry V. Note the tipping of the device (including quartered) on the right side of the deck, the crest on the head of the horse and the chain of arms represented conventionally but abandoned at the beginning of '400.

▶ **Stemma di Malet de Granville** cavaliere francese presente ad Azincourt. Sopravvissuto. Di rosso a 3 (2,1) fermagli d'oro.

Coat of arms of Malet de Granville, present at Azincourt, survived. Red 3-(2,1) gold clasps.

versione originale: *"the Duke of York who led the van, and the Duke of Gloucester; the Earl Marshal, the Earls of Oxford, March, Salisbury, Huntingdon, and Suffolk; the Lords Camoys the commander of the rear guard, Fitz-Hugh, Talbot, Roos, Clifford, Bourchier, Scrope of Bolton, Maltravers, Harington, and Ferrers of Chartley; Sir Gilbert Umfreville, Sir Thomas Erpingham, Sir John Cornwall, Sir Gerald Ufflete, Sir William Bourchier, Sir Edward Courtenay son and heir of the Earl of Devon, Sir Walter Hungeford, Sir Thomas West, Sir Ralph Shirley, Sir William Talbot, Sir William Phelip, Sir John Pilkington, Sir Rowland Lenthall, Sir Henry Hussey, Sir William Harington, Sir Richard Hastings, Sir John Grey, Sir John Ashton, Sir Robert Babthorpe the Controller of the King's Household, Sir Robert Roos, Sir William Trussel, Sir Thomas Fitz-Payne, Sir Walter Berkeley, Sir William and Sir Geoffrey Fitz-Hugh, Sir Thomas Rampston, Sir William Evers, Sir Richard Kighley who was killed, Sir Thomas Percy, Sir John Osbaldeston, Sir Edmund de la Pole, Sir William Stanley, Sir John Everingham, Sir Ralph Bostock, and Sir Peter de Legh."* Ed aggiunti in nota: *"There were probably also in battle, the Lords Willoughby of Eresby, Botreaux, and Clinton."*

In conclusione Enrico è un uomo del suo tempo nel bene e nel male. La sua fortuna lo porta ad affrontare situazioni di particolare complessità d'altra parte normali per un personaggio nella sua posizione. Meno normale è invece la capacità nel fronteggiarle sempre con efficacia piegando talvolta allo scopo la sua natura. Valga per tutte la decisione di far sopprimere dai suoi soldati i prigionieri francesi nella fase finale della battaglia di Azincourt, contrastante con la sua indole molto religiosa. Notevole la sua fermezza nel far rispettare la disciplina soprattutto riguardo al comportamento delle sue truppe nei confronti dei civili, comminando pene severe a chi si renda colpevole di saccheggi indiscriminati e di violenze nei confronti di donne, bambini e religiosi. Uno degli ultimi campioni di un mondo cavalleresco forse già tramontato, Enrico muore trentacinquenne nel 1422 dopo meno di un decennio di regno, consumato da una "febbre da soldato" durante l'assedio di Meaux. Lascia un solo figlio che, almeno lui, porta a compimento il suo disegno con l'incoronazione a re di Francia avvenuta nel 1431. Enrico VI, re d'Inghilterra a otto anni e di Francia a dieci malgrado il sostegno della madre Caterina di Francia, figlia di Carlo VI il Folle e della moglie Margherita d'Angiò finisce nel 1455 per perdere tutto compresa la ragione. Nel corso della Guerra delle due rose, strascico avvelenato dell'ascesa illegittima al trono del nonno Bolingbroke, Enrico VI viene imprigionato nella Torre di Londra e poi assassinato dagli avversari Yorkisti del reggente Riccardo padre del futuro re Riccardo III. In Francia il rinnovato spirito nazionale rinfocolato dal messaggio della Pulzella d'Orléans ha ragione degli invasori inglesi che perdono tutti i loro domini continentali salvo la città di Calais. La parabola della casa di Lancaster si chiude nel 1471 con la morte in battaglia a Tawkesbury di Eduardo, Principe di Galles, figlio diciottenne di Enrico VI. Lontana è ormai la gloria della giornata dei Santi Crispino e Crispiniano.

L'ESERCITO FRANCESE

ORGANIZZAZIONE

Agli inizi del Quattrocento il regno di Francia è lo stato più importante dell'Occidente europeo. Anche se non è il più vasto, spettando questo primato al granducato di Lituania (ammesso che quest'ultimo possa essere annoverato a pieno titolo nell'ambito dell'Occidente europeo), è il più popoloso, anche in virtù del rilancio demografico che interessa tutta l'Europa dopo la crisi determinata dalla peste nera. Il regno del Fiordaliso è anche l'entità economica più importante, almeno in assoluto, malgrado nel campo della produzione proto industriale ed in quello dell'attività proto finanziaria le specifiche esperienze delle realtà comunali italiane e fiamminghe si distinguano per una maggiore vivacità sostenuta da una straordinaria capacità di penetrazione. D'altro canto il suo vasto territorio consente alla Francia una produzione agricola di una dimensione tale che, malgrado l'arretratezza dell'organizzazione sociale caratterizzata dal sostanziale permanere di tutte le forme e le logiche di tipo feudale, si traduce in ricchezza se non altro per quelle classi che occupano gli strati superiori della piramide sociale determinata, appunto, dal feudalesimo.

L'essere lo stato unitario più antico e, almeno in teoria, quello con il potere centrale più consolidato e conclamato, non mette la Francia al riparo da tutta una serie di elementi di arretratezza che minano a fondo l'efficienza del suo apparato militare, nell'ambito del reclutamento, del mantenimento in armi, dell'ammodernamento della prassi guerresca e della messa in atto di un'autorevole catena di comando strutturata razionalmente. La vastità del territorio e il coesistere dell'effettivo controllo su alcuni territori, con non più che una diluita influenza su alcuni altri, gestiti quasi come stati indipendenti dai vari duchi, conti e quant'altro, limitano gli effetti dell'autorità reale nell'ambito, fra gli altri, della chiamata alle armi dei propri sudditi. Data una tale situazione il re finisce per essere ostaggio degli umori della sua alta nobiltà. Ci si rifiuta così di partecipare all'oste reale e non si forniscono le proprie genti in armi. Questo è il gioco politico, che nei migliori casi produce defezioni e nei peggiori è così esasperato da generare la nascita di fazioni armate che si combattono sanguinosamente. In una simile situazione pare chiaro quanto risulti complicato mettere a punto una catena di comando unanimemente accettata. Un altro effetto del permanere dell'organizzazione feudale della società, che si regge su una condizione servile e di semilibertà di ampi strati della popolazione, è l'assoluta riluttanza dei nobili a consentire ai propri sottoposti l'esercizio nell'uso delle armi. Deriva da questo che negli eserciti francesi risultino quantomeno insufficienti se non addirittura assenti gli elementi autoctoni in grado di costituire in misura sufficente quei reparti di specialisti come i balestrieri e gli arcieri, indispensabili per

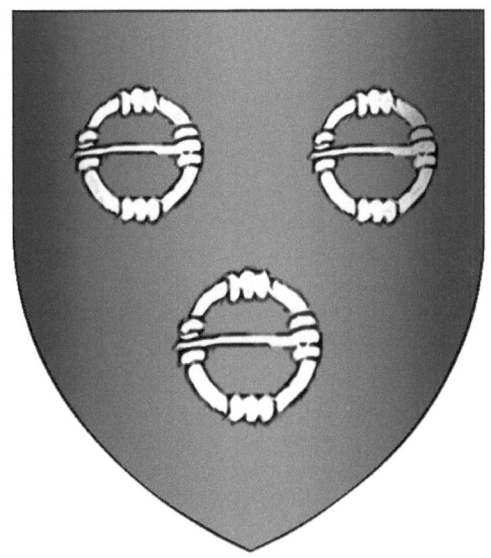

un esercito che voglia operare adeguatamente secondo i dettami che la prassi guerresca emergente impone. Si ricorre ai mercenari, spesso ai balestrieri genovesi, e questi soldati di mestiere a volte fanno il loro dovere e a volte no. I pochi arcieri che ci si è decisi ad organizzare ed addestrare non riescono a competere con quelli inglesi e comunque, una volta in campo, si preferisce non farli operare. Le leve cittadine e rurali, completamente prive di addestramento, ingolfano e guastano le strade, consumano le riserve alimentari, saccheggiano indiscriminatamente il territorio anche amico e compromettono la manovra sul campo.

Ciò che di certo non manca alla Francia è il valore e la prodezza dei suoi Cavalieri, addestrati, armati ed equipaggiati nel modo più adeguato. Le masse di cavalieri rutilanti, spron battuto e lancia in resta, non fanno difetto alle armate del re. Malgrado le inesauribili risorse di tradizioni e condizione, bloccati nella loro

◄ **Sbarco di armati, arazzo, Fiandre, 1380/1390.** Pezzo di straordinario interesse per lo studio dell'armamento tardo medievale nell'area culturalmente omogenea della Francia nord orientale e delle Fiandre. Rara la rappresentazione del bacinetto indossato senza la visiera ma con le cerniere maschiettate in sede. Formidabili le giusarme ed i martelli in asta (di solito in piombo) tipici quest'ultimi di quella zona. (Padova, Musei Civici Eremitani).

Landing of soldiers, tapestry, Flanders, 1380/1390. Piece of extraordinary interest for the study of late medieval armament in the culturally homogeneous area of northeastern France and Flanders. Rare the representation of the bascinet worn without the visor but with the hinges in place. Formidable the gisarme and the hammers (usually lead) typical of that area. (Padova, Eremitani Museums).

► **Armati. Particolare di un dipinto su tavola di scuola francese, 1390/1400.** Efficace rappresentazione di un bacinetto con visiera in tutti i suoi dettagli. (Parigi, Musée du Louvre, fotografia dell'autore).

Men at arms. Detail of a painting by the French school, 1390/1400. Effective representation of a bascinet with the visor in all its details. (Paris, Musée du Louvre, photograph by the author).

visione cavalleresca della guerra e della vita, i grandi nobili di Francia, chi a cavallo, chi *ob torto collo* a piedi, soccombono ripetutamente sotto una pioggia di frecce inglesi: a Crécy nel 1346, dieci anni dopo a Poitiers fino ad Azincourt nel 1415. A parte tutte queste considerazioni va detto che nel corso della seconda metà del Trecento qualcosa si era mosso. Dopo che la formula del *ban* e dell'*arriere ban*, cioè della chiamata alle armi di tipo feudale e nulla più si era avviata verso un irreversibile declino a partire dal tempo del disastro di Courtrai del 1302, nondimeno la cavalleria nobiliare francese aveva mantenuto la reputazione di essere la migliore d'Europa. La sconfitta di Crécy aveva in questo senso segnato però la fine di un'epoca, tanto che già intorno agli anni cinquanta, presa coscienza che il concetto di guerra cavalleresca era ormai da considerare obsoleto, si era messo mano a formule alternative e più moderne di organizzazione di gruppi di armati che perlomeno affiancassero quelli costituiti dalla cavalleria feudale. Venivano così emanate una serie di regole dette *ordinanze* relative all'organizzazione di gruppi di armati sia di cavalleria che di fanteria ad organico costante con un soldo predefinito e differenziato a seconda delle varie tipologie di combattente. Prendevano così corpo le così dette *compagnie d'ordinanza* che, sotto il comando di un Cavaliere, indifferentemente banderese o baccelliere, ma anche di uno scudiero (si ha notizia di Cavalieri alle dipendenze di scudieri), raggruppavano 100 armati a cavallo. Queste compagnie, solo in teoria rispettose della dimensione numerica appena segnalata, erano composte da Cavalieri, scudieri e valletti montati. Come appena detto la paga era diversa in base alla categoria d'appartenenza ed avveniva seguendo la formula della così detta *chambre*, cioè un raggruppamento di 10 uomini con un capo che riscuoteva per tutti e poi divideva. Dal canto suo il capitano di tutta la compagnia alla quale la *chambre* apparteneva, riscuoteva la paga soltanto per se e per i suoi *famigli*. Concepita palesemente ad imitazione della formula dell'*indenture* adottata dagli inglesi, l'*ordonnace* ne produceva solo parzialmente gli effetti. Il tipo di combattente risultante da questa forma organizzativa, lontano dal prototipo di professionista-suddito quale era il barone inglese in armi, finiva piuttosto per rispondere al modello di suddito-professionista. Questo ribaltamento delle prerogative sia sociali, sia di appartenenza nazionale rispetto a quello preso a paragone, rendeva l'armato francese inquadrato nelle compagnie d'ordinanza molto più vicino al cittadino in armi mobilitato dai comuni dell'Italia del Duecento, che allo Knight inglese dell'*indenture*. Altrettanto analogo a quello adottato per gli eserciti comunali era il periodico controllo della effettiva entità numerica di queste compagnie e dello stato d'efficienza dell'armamento e delle cavalcature, affidato a funzionari reali che registravano tutto dettagliatamente ed effettuavano i pagamenti. Lo sforzo parve vano pochi anni dopo quando nel 1356 durante la giornata di Poitiers, l'esercito francese rimodellato anche se parzialmente con questi nuovi criteri non sfuggì alla sorte di una nuova devastante sconfitta. Successivamente tutta una serie di perfezionamenti del sistema delle ordinanze voluti da Carlo V parve dare i suoi frutti. Si entrò nel dettaglio della formazione di compagnie stabili di balestrieri prestabilendone il numero degli effettivi ed istituendo la carica di mastro dei balestrieri. Ad imitazione degli inglesi vennero create numerose compagnie di tiratori (arcieri e balestrieri) a cavallo. Venne inoltre costituita una forza di *gens de commun* di Parigi ben organizzata con tanto di "uniforme" rossa e azzurra, ai colori della città, che poteva contare su più di 5.000 uomini. Lo sforzo bellico che con la tecnica del "mordi e fuggi" ideata e guidata dal du Guesclin consentì alla Francia, alla ripresa delle ostilità seguita al trattato di Brétigny, di stoppare le terribili *chevauchées* inglesi ed ad indurre il re d'Inghilterra a dichiarare la sua rinuncia al trono di Francia, fu reso possibile anche dai buoni esiti derivanti dalla riorganizzazione dell'esercito. Il caos in cui cadde il regno di Francia a causa della follia di re Carlo VI e la susseguente nascita dei partiti degli Armagnacchi e dei Borgognoni ebbe drammatiche ripercussioni sul sistema delle compagnie d'ordinanza che in poco tempo si incrinò fino quasi a sgretolarsi completamente. Il lassismo causato dall'allentamento del potere centrale e il dilagare dei veti reciproci, provocava la vacanza degli incarichi, la mancanza di regole certe ed il formarsi di corpi armati più o meno numerosi di tipo regionale se non addirittura personale, riportando così la situazione al livello dei sorpassati eserciti feudali dei quali, con indubbio successo, si era andati al superamento.

LA CATENA DI COMANDO

Anche l'*élite* militare (e quindi nobiliare) francese chiamata a fronteggiare la crisi provocata dall'invasione inglese del 1415 risente della profonda spaccatura provocata dall'acuta rivalità politica più volte citata. Risalenti al tempo della costituzione del regno le principali cariche di alto comando militare sono ancora in vita all'inizio del XV secolo, anche se vacanti in alcuni casi o soggette a sconfessioni negli altri. Comandante in capo dell'esercito è il conestabile. In tempo di guerra egli ha il comando supremo dell'esercito e ne dispone lo schieramento in battaglia, dove di solito è il comandante del primo corpo (avanguardia). Il conestabile sovrintende agli spostamenti delle truppe, organizza la difesa del territorio, le guarnigioni delle città ed i *raids* offensivi; anche i vari servizi di *intelligence* fanno capo a lui. Dopo il conestabile vengono i marescialli di Francia, nel numero di due. I contingenti dei grandi nobili, titolari di vasti territori come la Borgogna o la Bretagna hanno anch'essi i loro conestabili ed i loro marescialli che hanno però giurisdizione soltanto al di dentro dei loro territori. I marescialli hanno di solito il comando di uno dei corpi di battaglia e sono di loro competenza le periodiche riviste delle truppe, gli accampamenti e la disciplina. Senza l'autorizzazione del conestabile i marescialli non possono però prendere iniziative di carattere strategico. Allo scopo di mantenere il controllo sui poteri dei propri marescialli tendenzialmente i re scelgono personaggi provenienti dalla nobiltà di secondo piano, meglio gestibili in quanto scollegati dagli alti lignaggi e fuori dai grandi giochi politici che agitano le acque che mulinano continuamente intorno al trono. I nomi di una serie di questi marescialli ne sono testimonianza: Guy de Nesle (1348), Arnoul d'Audrehem (1351-68), Jean de Clermont (1352-56), Jean I e Jean II Boucicaut (1368-91), Louis de Sancerre (1368-97), unico quest'ultimo appartenente all' alta nobiltà. Il più eclatante esempio di questo orientamento è la carica addirittura di conestabile attribuita dal 1370 al 1380 a Bertrand du Guesclin, capitano di grande capacità ma appartenente al più basso grado della piccola nobiltà rurale. Dopo i due marescialli segue il Porta Orifiamma, titolare della più cavalleresca delle cariche. La Sacra Bandiera di Francia è custodita presso l'abbazia reale di Saint-Denis, alle porte di Parigi, e viene affidata alle mani di uno *Chevalier* di indiscusso valore che,

accompagnato da alcuni aiutanti altrettanto designati, la porta in battaglia se in campo è prevista la presenza del re o nei casi straordinari in cui si ritenga in pericolo la salvezza della Francia. Nel 1415 la situazione interna al regno di Francia, condiziona pesantemente il meccanismo fin qui illustrato. Conestabile di Francia è Charles d'Albret, che ha ricevuto la nomina nel 1402. Esautorato nel 1411 riacquisisce il titolo nel 1413. Membro di una delle più importanti famiglie guascone ha per madre Margherita di Borbone. Essere figlio di una principessa di sangue reale lo introduce nel *jet set* dell'epoca, fatto sancito dalla concessione di inquartare *di Francia* nel suo stemma. Dall'avere servito sotto il du Guesclin ottiene

◄ **Il maresciallo Boucicaut in preghiera.** Particolare di una miniatura che illustra il manoscritto *Heures du Maréchal Boucicaut* eseguito in Francia fra il 1410 ed il 1420. Nell'immagine il maresciallo Boucicaut indossa un tabarro decorato nella sua parte destra (partito per palo, al 1°....) con lo stemma di sua moglie Antoinette de Beaufort. Detto stemma è d'azzurro a 6 (3,2,1) piatti d'argento, al capo d'oro. Le piume del cimiero sono bianche e verdi. (Parigi, Musée Jacquemart-André)

Marshal Boucicaut in prayer.

► **Miniatura raffigurante un Cavaliere** tratta da un manoscritto francese datato 1414 che presenta numerosi elementi di grande interesse: il pettorale rigido dorato, le lamine di falda a vista, lo scudo a forma di targa, la barda completa di maglia di ferro e la testiera del cavallo.

Miniature representing a knight, from a French manuscript dated 1414

la competenza militare sufficiente ad acquisire la prestigiosa carica di conestabile. La presenza del d'Albret in quota Orleanista, o meglio Armagnacca (suo figlio Charles II sposa una figlia di Bernard VII, conte d'Armagnac, suocero di Charles d'Orléans), segna un punto per questa fazione. Risponde la parte rivale dei Borgognoni con il maresciallo Jean II le Meingre, detto Boucicaut. Braccio destro di Giovanni senza Paura, allora rampollo del ducato di Borgogna, alla crociata contro il Turco culminata nella disfatta di Nicopoli del 1386, Boucicaut rimane fedele al partito dei discendenti di Filippo l'Ardito, duca di Borgogna. Astro indiscusso della cavalleria di Francia e maresciallo dal 1389 Il Boucicaut, riscattato dalle galere di Costantinopoli nelle quali aveva languito per qualche tempo in seguito alla cattura di Nicopoli, si era reso utile alla corona di Francia come governatore reale della città di Genova. Vista la carica di maresciallo e le indubbie capacità del personaggio, vuoi che il suo *sponsor* sia l'Armagnacco, vuoi sia il Borgognone nessuno vuole rinunciare al suo contributo nell'impresa di fronteggiare l'invasione inglese, per cui Jean le Meingre sarà della partita. Dell'altro maresciallo non c'è traccia, e non ce n'è neanche nell'opera redatta dal Le Feron dedicata alle biografie dei grandi ufficiali di Francia pubblicata nel 1555. La situazione si complica a causa della presenza nelle file dell'armata di tutta una serie di personaggi che a vario titolo rivendicano la prerogativa di rappresentare il Delfino latitante. C'è il duca d'Orléans Charles che di malavoglia si è calcato in testa il bacinetto per difendere con la sua presenza sul campo gli interessi della sua casata e del suo partito. Non manca Jean, duca di Bourbon, inviso a tutti: quale motivo migliore per non mancare!? Gli Alençon sono dalla parte degli Orléans; il duca Jean si è unito all'oste seguito da un gran numero di uomini d'arme e intende farsi sentire….e vedere. Non manca Arturo di Richemont con i suoi bretoni e poi, all'ultimo momento seppure ad esclusione del duca Giovanni senza Paura, i borgognoni ci sono: Filippo, conte di Nevers; oppure stanno per arrivare: Antonio, duca di Brabante. Gli uomini d'arme che li hanno seguiti sono numerosissimi. Nella situazione che si è venuta a determinare fin dai primi movimenti effettuati dall'esercito francese per intercettare Enrico V ed i suoi e di sbarrare loro la strada verso Calais, l'autorità del conestabile ha vacillato. I litigi e le ripicche fra tutti i personaggi elencati saranno di presupposto alla tremenda sconfitta francese maturata nella giornata dei Santi Crispino e Crispiniano. (fine 1a parte, segue a pag. 5 del 2° volume)

LA CAMPAGNA
PREMESSA SULLE FONTI

Pur essendo una delle campagne militari medievali più documentate, l'invasione della Francia ad opera delle truppe del re d'Inghilterra Enrico V mantiene tutt'oggi per chi la studia non pochi lati controversi e discordanze sull'identità di alcuni soggetti di cui le fonti attestano o negano la presenza, sul numero dei partecipanti alla campagna e in particolare alla battaglia e sul numero dei morti sia da parte francese che inglese. Confermando che comunque si è in presenza di un evento ben documentato, ciò si deve ai resoconti di numerosi testimoni oculari ed agli scritti di altrettanto numerosi cronisti coevi che si sono soffermati su questo avvenimento parso da subito di importanza epocale. La storiografia moderna deve molto per la conoscenza degli avvenimenti all'eccellente studio, pubblicato nella sua stesura definitiva, ampliata e corretta nel 1832 da Sir Harris Nicolas intitolato *The History of the Battle of Agincourt*, riproposto in facsimile in un'edizione del 1970. Questo lavoro consiste per metà in un testo narrativo redatto in seguito alla consultazione da parte dell'autore di tutte le fonti primarie alle quali accennavo poco sopra. Il filo conduttore della narrazione prende le mosse dall'opera in latino di un anonimo cronista della quale gli storici che precedono il Nicolas ignorano l'esistenza. L'autore, un prete facente parte della *household* (famiglia) reale ha partecipato a tutta la campagna ed ha assistito di persona alla battaglia. Harris Nicolas attribuisce a quest'opera la denominazione di *Chronicler A in the Sloane MS. 1776,* mentre Anne Curry che nel suo libro *The battle of Agincourt, sources and interpretation* pubblica integralmente la traduzione in inglese dei capitoli dedicati alla battaglia, la definisce *Gesta Henrici Quinti*. Tornando a Sir Harris Nicolas ed al suo studio, l'altra metà di questo consiste in ampi stralci delle più importanti fonti coeve riguardanti fra l'altro l'entità stimata delle forze in campo, la composizione delle varie *retinues* inglesi, l nomi dei nobili francesi più importanti che hanno partecipato alla battaglia, di quelli catturati ed infine la stima dell'entità numerica delle perdite con i nomi dei personaggi più importanti sia francesi che inglesi. Tutti i lavori moderni dedicati ad Azincourt, salvo due recenti ottime pubblicazioni a cura di Anne Curry (una delle quali citata poco sopra), prendono le mosse dallo studio del Nicolas né

◀ **Restituzione grafica del monumento funerario di Sir Edmund de Thorpe e di sua moglie datato 1418.** L'armatura ed ogni altro elemento dell'aspetto del personaggio raffigurato esemplificano in modo ottimale le tipologie in uso presso i Cavalieri inglesi all'epoca della battaglia di Azincourt (Ashwellthorpe, Norfolk, All Saints Church)

Graphic reconstruction of the funerary monument of Sir Edmund de Thorpe and his wife dated 1418.

▶ **Miniatura francese di scuola parigina, 1410/1414.** Alcuni cavalieri indossano l'armatura. In basso è ben visibile il particolare un camaglio con la sua imbottitura interna. Manoscritto dell'opera di Christine de Pizan. (Londra, British Library, Harley MS 4431)

Miniature of French school in Paris, 1410/1414.

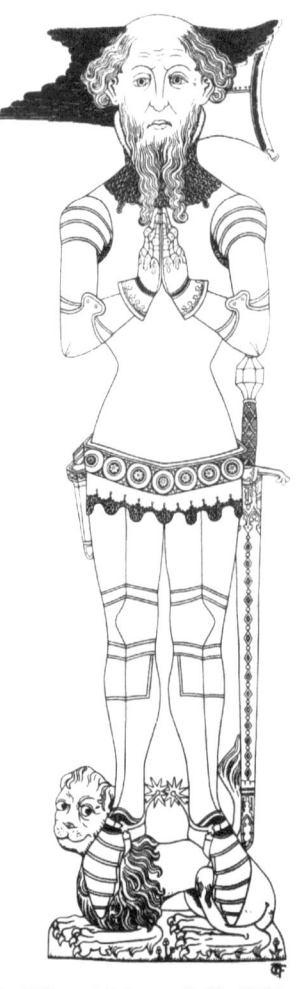

▲ **Rilievo del brass di Sir William Tendring, c. 1408.** Questo monumento ha nel ritratto del giacente il suo massimo elemento di interesse. I lineamenti e l'acconciatura dei capelli e della barba sono riprodotti con straordinario verismo. Si osservi il pomo della spada di forma poligonale. (Stoke-by-Nayland, Suffolk)

Brass relief of Sir William Tendring, c. 1408.

▶ **La flotta inglese,** composta da circa 1.500 imbarcazioni cariche di armati, attraversa il canale della Manica diretta verso le coste della Normandia. (Londra, British Library, MS Harley 1319)

The English fleet, consisting of about 1,500 boats full of troops, crossed the English Channel for the coast of Normandy. (London, British Library, Harley MS 1319)

questo nostro libro potrebbe fare eccezione. Allo scopo di evitare inutili appesantimenti soltanto in calce a questa premessa saranno indicate le fonti primarie principali utilizzate per la stesura di questo importante studio.

Nello stesso tempo ci si limiterà in questa sede a segnalare *una tantum* in bibliografia tutte le opere moderne che dall'*Agincourt* del Nicolas hanno attinto le informazioni necessarie alla loro redazione. Talune di queste opere, seppur in modo sporadico, presentano alcune discrepanze sulla presenza di questo o quel personaggio alla battaglia. La ragione di tutto ciò va fatta risalire alle ricorrenti omonimie nell'ambito della stessa famiglia e sull'incertezza nella datazione di alcuni titoli nobiliari. In questo lavoro si è preferito con netta prevalenza attenersi alle interpretazioni del Nicolas. Per quanto riguarda l'araldica dei vari personaggi, altro settore in cui spesso è davvero poco opportuno parlare di certezze affrontando un argomento così lontano nel tempo, si è scelto di attenersi per gli inglesi alla puntuale revisione che, dietro nostra richiesta, l'eminente araldista inglese Peter Greenhill ci ha fatto pervenire. Per il repertorio francese, diversamente, particolare importanza e credibilità è stata data alle notizie presenti nei due volumi pubblicati nel 2001 e nel 2002 dall'associazione francese "Le Briquet, Amicale des Collectionneurs de Figurines Historiques du Centre-Loire", frutto del sapiente lavoro di collazione delle fonti primarie di René e Maguy Aquilina e intitolati *L'Héraldique de la Chevalerie Française à Azincourt*. Valido contributo sull'argomento sono inoltre state le notizie reperibili nell'edizione critica, anch'essa in due volumi, a cura di Carla Bozzolo e Hélène Loyau, che mette in relazione sei armoriali francesi dei primi del Quattrocento dedicati all'istituzione cortese conosciuta come *La Cour Amoureuse dite de Charles VI*, e che il lavoro degli Aquilina annovera fra le fonti utilizzate. Nelle note biografico genealogiche di circa 120 dei personaggi contenuti in detti armoriali compare la segnalazione della presenza o della morte alla battaglia di Azincourt. Essendo la redazione originale dell'opera praticamente coeva della battaglia e scaturigine dello stesso contesto geografico e culturale di coloro che vi hanno partecipato, pare ragionevole ritenere che gli stemmi di questi, ivi riportati, siano di particolare attendibilità.

Fonti primarie utilizzate e/o pubblicate integralmente da Sir Harris Nicolas. – *Chronicler A (anonimo), Cottonian MS, Julius E.iv e Sloane MS. No. 1776 – British Museum; Anonimo, "Chronicle of London", Harleian MS. 565; The Names of the Dukes, Erles, Barons, Knights, Esquires, Serviteurs and others that wer withe the Excellent Prince King Henry the Fifte at the Battell of Agincourt, Harleian MS. 782 ; Chronicler (anonimo), Cottonian MS: Claudius A. viii; Jean le Fevre Seigneur de St. Remy, Histoire de Charles VI, Boulogne-sur-Mer Ms. 150; Tito Livio foro (Tito Livio da Forlì) Juliensis Vita Henrici Quinti, Cambridge University, Corpus Christi Ms. N. 31; Thomas de Elmham, Vita et Gesta Henrici Quinti Anglorum Regis, Coll. Arms, Arundel, Ms.; Thomas Walsingham, Historia Anglicana; The Chronicle of John Hardyng, B.M. Lansdowne Ms. 204; Chronique de Enguerrand de Monstrelet, Bibliothéque Nationale MS. 8347 e le cronache di Jean de Waurin e di Jean Le Fèvre (St. Remy) che la riprendono ; Jean Juvenal des Ursins, opera; The retinue of King Henry the Fifth in his first voyage, Thomas Rymer's, Foedera, Sloane MS. 6400, British Museum; Mémoires de Pierre de Fenin.*

LA TRAVERSATA

Sono le tre della domenica mattina, è l'alba dell'11 agosto del 1415 ed il ventottenne Enrico V, re d'Inghilterra da poco più di 500 giorni, salpa da Southampton imbarcato sulla sua nave reale, la *Trinité Royale*. Al pari della nave ammiraglia il suo sguardo punta dritto verso le coste della Francia. Scivolati via dai porti, dalle rade e dalle insenature dello Hampshire non meno di 1500 natanti, di tanti si compone la flotta inglese, lo seguono carichi di quanto occorre all'invasione: uomini, cavalli, armi, padiglioni, attrezzi, derrate e vino, vino, vino! Il materiale umano di cui Enrico dispone ammonta più o meno a 2.500 Cavalieri e uomini d'arme, 8.000 arcieri e la famiglia reale (*household*) praticamente al completo: Cavalieri, scudieri e paggi, servi e stallieri, cuochi, scalchi e maniscalchi, menestrelli. Si aggiunge a questi un'ulteriore sciame di non combattenti: preti, chirurghi, armaioli, fabbri, carpentieri, minatori da assedio, bottegai, vinattieri, mignotte…..

Di alcune di queste navi, le più belle, quelle che navigano appena dietro e tutt'intorno alla ammiraglia, ci sono stati tramandati i nomi fascinosi ed evocativi: *Katherine de la Tour, Coq de la Toure, Petite Trinité*. La *Trinité Royale* con le sue 500 tonnellate è la nave più grande, il suo equipaggio è composto da 300 marinai agli ordini del capitano di mare Stephen Thomas. Sicuramente le sue vele saranno state decorate con lo stemma d'Inghilterra, dipinto o ricamato e qua e là la prua ed il ponte di poppa saranno stati decorati da gigli e leoni intagliati e dorati. Anche le vele dei grandi duchi e baroni avranno offerto al vento i loro stemmi dipinti e, sempre al vento, una miriade di bandiere festonate: falconi, aquile, leoni, draghi, serpenti, blu, rossi, oro. Fra tante fiere e tanti mostri spicca la solennità delle sacre bandiere d'Inghilterra della Santa Trinità, di Sant'Eduardo e di San Giorgio. Dalla costa del continente quello che si distingue dapprima è solo un brulichio di coriandoli colorati all'orizzonte poi, lentamente, lo spettacolo da gaio diventa sempre più minaccioso.

Sotto vele ed insegne, ecco gli scafi delle navi straboccanti di sagome luccicanti d'acciaio e irte di punte e lame di ogni tipo: *les Anglois*! Dopo tre giorni scarsi di traversata il convoglio guidato dal conte di Dorset, zio del re, giunge in vista della località scelta per lo sbarco, quella di Chef-en-Caux sull'estuario della Senna ben lontano da Boulogne che i Francesi hanno "battezzato" quale approdo degli invasori inglesi. Enrico invece ha scelto la Normandia dal momento che è proprio questa regione

che gli preme innanzitutto recuperare convinto del suo buon diritto da far risalire ai tempi di Guglielmo il Conquistatore. In questo senso non tiene in minimo conto che nel 1204 Giovanni Senza Terra è stato diseredato della Normandia, considera questo fatto illegale, un'aberrazione. In realtà egli ha previsto varianti all'evoluzione della sua impresa; i suoi capitani hanno firmato contratti che prevedono la possibilità di raggiungere la Guascogna o di penetrare nel cuore della Francia. Malgrado Bordeaux sia ancora in mano inglese portare la *chevauchée* così profondamente in territorio nemico è impresa troppo rischiosa senza assicurarsi una testa di ponte a sud di Calais. I francesi potranno combattere vicino alle loro basi mentre Enrico lontano dalle sue poste, oltretutto, al di là di un largo braccio di mare infido può parzialmente ovviare all'*handicap* mettendo le mani su una base portuale. Questa esiste e si trova all'estuario della Senna. Una volta preso il mare Enrico ha finalmente rivelato ai suoi capitani che stanno puntando dritti verso il porto di Harfleur. La località prestabilita per lo sbarco, individuata dopo che il promontorio gessoso che domina l'estuario e che si è a poco a poco palesata allo sguardo delle vedette, è tre miglia ad ovest della città.

L'ASSEDIO DI HARFLEUR

Agli inizi del Quattrocento Harfleur è una città operosa e dinamica ed uno dei più importanti porti della Francia, bella e molto ben fortificata. E' insomma una di quelle città che i cronisti francesi dell'epoca definiscono una *bonne ville*. Già dal mare gli inglesi hanno scorto le sue possenti mura guarnite di forti torri; ben ventisei ne scandiscono il perimetro che racchiude la città dandole una vaga forma di cuore. Su ciascuna di queste torri fanno bella mostra di sé un leone, o un drago, o un cigno, tutti diversi e tutti dipinti d'oro e d'azzurro. Tutt'intorno il classico fossato e, in corrispondenza di ciascuna delle tre porte, l'altrettanto classico ponte levatoio con cancellata a saracinesca. Non può sfuggire agli esperti uomini di guerra inglesi che la conquista di una tale città richiederà molto tempo ed un alto tributo di sangue.

La bandiera reale che sventola sul colombiere della *Trinitée Royale* chiama i capitani al consiglio di guerra. Vi intervengono tre duchi, i fratelli del re Clarence e Gloucester ed il cugino York, otto conti e due vescovi, Norwich e Bangor; a questi si aggiungono diciannove baroni. Quasi tutta la *parìa* dal momento che questa al momento conta quarantuno membri e che il conte di Warwick è capitano di Calais, quello di Westmoreland è a guardia della frontiera con la Scozia. Se si considera che il conte di Devon è troppo vecchio per vestire l'armatura, soltanto tre conti mancano all'appello. Enrico è sovrano carismatico e la grande nobiltà ha risposto in massa alla sua chiamata. Il concilio di guerra è rapido , precisi gli ordini del re: nessuno dopo lo sbarco si allontani per il momento dalla costa per abbandonarsi a saccheggi o altro; Sir John Holland e Sir Gilbert Umfraville formino una pattuglia e vadano in rapida ricognizione. Nella luce di un bel mattino soleggiato ancora una volta dopo quelli guidati da Eduardo III circa sessant'anni prima, gli uomini d'arme e gli arcieri inglesi sciamano fuori dalle loro imbarcazioni e posano i piedi su un bagnasciuga francese. Il tintinnare di tutto il ferro che portano addosso si mescola con il nitrito dei cavalli che, innervositi dalla traversata che li ha visti oppressi nel buio per giorni incatenati nella pancia delle navi, scivolando e zoccolando sulle assi predisposte riguadagnano la terra ferma aiutati dagli amorevoli stallieri. E' il 14 agosto del 1415 e l'invasione della Francia ha avuto inizio. Superata la spiaggia di ciottoli le colonne inglesi attraversano il tratto di palude salata che li separa dalla collina sulla quale si è deciso di allestire il campo. Appena sbarcato Enrico si inginocchia prega ed invoca la protezione divina per il buon esito della sua impresa, legittima a suo dire, finalizzata a far valer il suo diritto ereditario. Poi, dopo aver impartito "l'accollata" cavalleresca ad alcuni scudieri, consolidata abitudine all'inizio di imprese di quel tipo, indica dove vuole sia allestito il suo padiglione ed il campo principale e manda alcuni distaccamenti ad occupare alcune posizioni considerate strategiche. Mentre per giorni i più disparati oggetti, masserizie e congegni necessari per l'assedio e per il miglior agio di Enrico e della sua gente continuano ad affluire sulla spiaggia, le alture che fronteggiano Harfleur si popolano delle tende arricchite dai multicolori tratti araldici dei nobili inglesi. Su tutte sventolano gli stendardi terminanti in una o due lunghe code, alla divisa ed alle imprese di ciascuno di loro: il più grande di tutti quello del re. Questo è decorato dai vari elementi dell'evocativo armamentario simbolico tipico della disciplina araldica nella sua forma più compiuta: fondo argento (bianco) su azzurro che sono i colori di livrea della casa di Lancaster; la croce rossa di San Giorgio in campo bianco presso l'asta; la rosa rossa di Lancaster ripetuta più volte; al centro il cigno "irritato" bianco collarinato da una corona d'oro, impresa principale e personale di Enrico V, che gli viene dalla madre Mary de Bohun e per concludere il motto stampigliato in oro *Dieu et mon droit*.

Il 15 agosto si festeggia regolarmente la festa dell'Assunta, e nei giorni successivi il rutilante paesello di stoffa "stemmata" appena sorto brulica di araldi, menestrelli, chirurghi, cappellani e coristi, pittori, carpentieri e paggi, maniscalchi e stallieri e tutti gli specialisti in culinaria immaginabili, che trottano e galoppano indaffarati. Nel frattempo nella piana della valle della Senna già bruciano le fattorie ed i villaggi, i candelieri e le pissidi dicono Addio alle sacrestie che li costudivano, le donne piangono sul loro onore violato: il saccheggiatore inglese è all'opera ignorando, al pari di tutti i suoi colleghi di ogni razza e di ogni tempo, ogni forma di pietà.

Enrico però vieta gli eccessi; oltre al suo naturale timor d'Iddio agisce in lui l'idea che non si debba infierire troppo nei confronti dei suoi futuri sudditi. A questo scopo, consapevole di avere ai suoi ordini un esercito molto eterogeneo, senz'altro i membri delle *retinues* dei nobili ben gestibili, ma anche gruppi più o meno organizzati di assoldati gallesi, guasconi, irlandesi, tedeschi, ispanici e italiani, il re fa emanare precise regole di comportamento accompagnate da punizioni molto severe fra cui varie forme di mutilazione. Nelle ulteriori regole che toccano vari aspetti fra cui le relazioni con le prostitute e gli spostamenti notturni si ordina di portare indosso una ben visibile croce rossa sul petto e sulla schiena.

Dettate le "regole d'ingaggio" inizia l'accerchiamento della città. Ad ovest il campo è già posto dunque il 18 notte il duca di Clarence con un robusto contingente di fanti e cavalieri si muove a nord della città

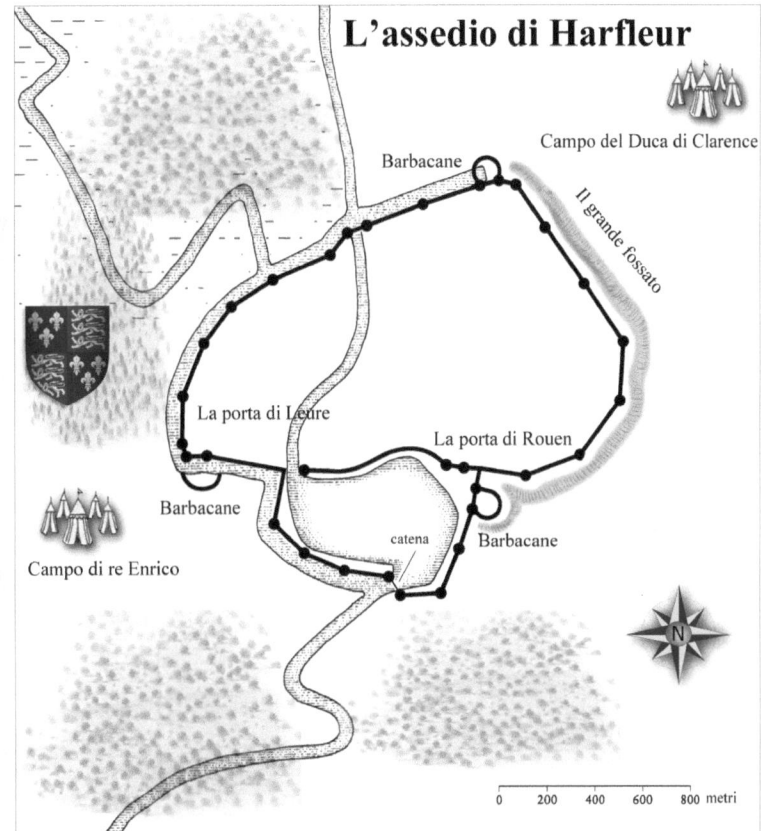

▶ **L'assedio di Harfleur.** La struttura urbanistica e l'apparato difensivo della città sono caratterizzate dall'ampio specchio d'acqua alimentato dalla confluenza dei fiumi Leure e Lezarde, le cui acque defluiscono poi nell'estuario della Senna mediante un unico canale. Gli inglesi assediano la città cingendola da due lati: a sud ovest il re ed a nord est il duca di Clarence.

The siege of Harfleur. The urban structure and defenses of the city are characterized by the large sheet of water fed by the confluence of the rivers Leure and Lezarde, whose waters then flow out of the Seine estuary through a single channel. The English besiege the city surrounding it from two sides: the King at the southwest and the Duke of Clarence at northeast.

per andare a prender posizione sul lato est. Fatto un largo giro a causa dell'allagamento della valle della Senna, messo in atto dai difensori di Harfleur, si imbatte in un convoglio di rifornimenti di armi in viaggio da Rouen verso la città sotto assedio e lo cattura. Il re a nord, Suffolk a ovest, Clarence a est e la flotta inglese a sud: l'accerchiamento è completato. Il signore d'Estouteville che comanda la smilza guarnigione di Harfleur risponde alla richiesta di resa di Enrico con una di quelle frasi classiche che piacciono un sacco ai cronisti: *"Vous ne nous avez rien donné à garder, nous n'avons rien à vous rendre"*. (voi non ci avete dato niente da custodire, noi non abbiamo niente da rendervi).

Sempre il 18 agosto in nottata una truppa di 300 uomini d'arme comandati dal signore di Gaucourt ha evitato di un soffio di cadere nelle mani di Clarence ed è riuscita ad entrare in città. Sono i rinforzi che il re di Francia ha inviato e che si vanno a sommare al centinaio scarso presente in città di cui il Gaucourt ha l'ordine di prendere il comando. La città è comunque ben fortificata. Oltre all'eccellente cinta muraria con le sue 26 torri ed i relativi fossati e ponti levatoi sono stati approntati ottimi terrapieni di protezione e barbacani di cui formidabile quello a protezione del ponte levatoio sud-occidentale, unico lato realmente attaccabile visto l'allagamento messo in atto dai francesi a protezione degli altri lati. Da lì la guarnigione può investire gli attaccanti con cannoni e balestre. Il fiume Lézarde attraversa la città da nord a sud, vi penetra interrato mediante un tunnel con ingresso graticolato per immettersi poi nell'estuario della Senna. Nel punto di foce due torrioni guardano l'accesso ulteriormente protetto da catene tese e da una cortina di pali le cui punte terminano a pelo d'acqua. E' in virtù di questo formidabile apparato che i difensori di Harfleur sono convinti che il loro re sarà in grado di raccogliere un'armata di soccorso in tempo, dato che per gli inglesi prendere la città è impresa tutt'altro che agevole. Gli inglesi lo hanno capito da subito: espugnare la città d'assalto è improponibile. Il fossato impedisce l'uso di arieti e il posizionamento delle artiglierie richiede prudenza a pazienza per scongiurare le altrimenti inevitabili grosse perdite provocate dai difensori che possono tirare sul personale inglese intento a questa opera, protetti dagli spalti ed in particolare dalle torri.

Si prova a scavare per far crollare le mura (la mina) ma la contro mina dei francesi è ancor più efficace. Franano i cunicoli degli aggressori che crepano come sorci. Allora si viene avanti con i mantelletti a ruote a protezione degli operai impegnati a costruire le palizzate fisse e mobili per difendere i cannoni: cortina giù, si carica il cannone; si solleva la cortina, il cannone spara, cala di nuovo la cortina. I cannoni più grandi hanno il loro bravo soprannome: *London, The Messange, the king,s Daughter*. Gestiti giorno e notte ciascuno dalla propria squadra di quella sorta di "guerrieri della fatica" che sono gli artiglieri, i cannoni inglesi ruggiscono contro la *Bonne Ville* di Harfleur. Pezzi di muro saltano, le difese nord

▶ **I difensori di una città assediata lanciano frecce e pietre.** Un assediante carica una balestra a crocco. Si osservi in primo piano un pezzo d'artiglieria di dimensioni ridotte. (Da un manoscritto francese)

The defenders of a besieged town shot arrows and stones. A besieging upload a crossbow. Note in the foreground a small piece of artillery. (From a French manuscript)

◀ **Plastico di Harfleur all'epoca dell'assedio.**
Plastic of Harfleur at the time of the siege.

▼ **Particolare del monumento funerario di Michael de la Pole "the Elder", Earl of ("il Vecchio", conte di) Suffolk.** Il conte di Suffolk muore di malattia durante l'assedio di Harfleur. Michael figlio cade in battaglia ad Azincourt. (Wingfield Church, Wingfield, Suffolk)

Detail of the gravestone of Michael de la Pole "the Elder", Earl of ("the Old", Count of) Suffolk. The Earl of Suffolk died of disease during the siege of Harfleur. His son Michael falls in battle at Agincourt. (Wingfield Church, Wingfield, Suffolk)

accennano a qualche cedimento per cui all'inizio di settembre Enrico manda a Bordeaux una lettera piena di ottimismo nella quale, fra l'altro, chiede botti di vino e cannoni. Dice di credere che di lì a pochi giorni sarà sulla via di Parigi. In effetti lo crede ma soprattutto in cuor suo se lo augura perché durante le instancabili ricognizioni alle varie postazioni per verificare l'efficienza dei mezzi ed il morale degli uomini si accorge che questo comincia ad essere meno alto del necessario. C'è la fatica ed il disagio di stare in armatura a lungo, l'inedia di tutti quelli che non sono adibiti alle artiglierie, le paludi circostanti esalano miasmi notturni malsani e le mosche non danno tregua. E poi un incontrollato consumo di cibi reperiti in loco (molluschi coriacei, frutta acerba, vino di cattiva qualità) mina a fondo la salute dell'esercito e apre la strada al "mostro" che ancora oggi viene ricordato come uno dei principali protagonisti in negativo di tutta la campagna di Francia del 1415: la dissenteria.

La malattia dilaga e la morte non risparmia i nobili. I conti di Suffolk e di March si ammalano fra i primi. Si tenta di correre ai ripari distribuendo vino e cibo di qualità prelevandoli dalle riserve reali ma ormai il contagio ha attecchito e l'elenco giornaliero dei morti non si accorcia. L'ottimismo cede vieppiù il passo ad un vago senso di depressione. E' la storia della tela di Penelope al contrario dal momento che di notte gli assediati riparano quello che di giorno i cannoni inglesi hanno devastato. Va da sé che gli scrosci di olio e pece bollenti si sprecano. Ma il tempo passa, in città le riserve di

cibo e munizioni sono agli sgoccioli e dell'armata di soccorso non c'è né traccia né notizia. Una prima svolta si ha il 16 settembre, quando il fuoco concentrato delle artiglierie inglesi all'indirizzo del barbacane sud occidentale lo fanno collassare. I francesi dell'Estouteville e del Gaucourt operano una coraggiosa sortita nell'intento di tamponare la situazione. L'azione ha successo ed alcune postazioni d'artiglieria degli assedianti vengono guastate. Il giorno successivo, invece, un ulteriore disperato tentativo di sortita fallisce a causa della vigorosa reazione degli inglesi comandati da Sir John Holland, azione che gli vale l'attribuzione per merito del titolo di conte di Huntingdon. Il barbacane è perso, in fiamme. I francesi lo abbandonano e, sconfitti, rientrano in città passando sul ponte levatoio e attraverso la porta.

LA CADUTA DI HARFLEUR

Perso il barbacane la città non è più difendibile. *"Dunque è inutile essere disposti a morire di fame"* pensa il signore di Gaucourt, e decide di trattare la resa. Ma le condizioni poste da Enrico sono irricevibili e benché il francese voglia arrendersi non vuole farlo con vergogna. *"Well"* (oppure *"bien"*) risponde il re d'Inghilterra "si passi alle maniere forti!". Tutti gli inglesi si schierano presso le mura pronti all'assalto e la città normanna viene investita da un cannoneggiamento continuo e di violenza inusitata. Harfleur si sta trasformando in un cumulo di macerie polverose. Messi francesi sgattaiolano nottetempo e raggiungono il campo del duca di Clarence posizionato a sud della città, sperando di incontrare una linea più morbida rispetto a quella di suo fratello, il re Enrico. Il duca viene autorizzato a trattare, si tergiversa e finalmente l'accordo arriva: se entro il 22 settembre non comparirà un'armata francese di soccorso la città si arrenderà alle condizioni degli inglesi. Una dozzina di maggiorenti di Harfleur partono per Vernon per informare della situazione il Delfino che staziona in quella città, nella speranza che un aiuto si concretizzi prima dello scadere della tregua.

Ventiquattro cittadini di rango vengono presi in ostaggio con la garanzia degli alti prelati inglesi che non gli verrà torto un capello. Per dimostrare quanto pervasi da carità cristiana essi siano l'indomani nell'ambito di una cerimonia in pompa magna il vescovo di Bangor, personalmente, porta l'Eucaristia ai francesi al pari che agli inglesi. Nel persistere di una calda estate settembrina e in attesa che gli inviati tornino da Vernon con qualche notizia, la dissenteria continua nella sua opera distruttrice nelle fila dell'esercito inglese. Michael de la Pole, conte di Suffolk muore come i Cavalieri William Butler e John Philip e come tanti altri che sono stati dimenticati. Il duca di Clarence ed i conti di March e di Arundel, che hanno contratto la malattia, vengono rimpatriati. Prima che il mese di settembre sia concluso circa 4.000 inglesi si sono ammalati di cui circa la metà sono morti o costretti al rientro in Inghilterra. Nel frattempo il Delfino è alle prese con tutte le complicazioni che gli derivano dalla spaccatura politica che rallenta l'organizzazione di una qualche forma di reazione armata da parte della casa regnante di Francia. La rallenta, in effetti, ma non la impedisce del tutto dal momento che il sentimento nazionale e comunque di fedeltà alla corona finisce per prevalere su quello di appartenenza politica. Si trae la bandiera sacra di Francia, l'Orifiamma, dall'abbazia di Saint-Denis dove è custodita; il significato di un simile atto è chiaro a chiunque: la Francia è in pericolo! Ecco dunque che i baroni di Francia accantonano le rivalità e convergono ciascuno a capo della propria gente in armi verso i vari punti di raccolta indicati dal conestabile di Francia Charles d'Albret e dal maresciallo Boucicaut. Anche gli Armagnacchi fra i quali lo stesso duca Carlo, anch'egli in pessimi rapporti con il Delfino, si muovono restii ad accettare il primato dell'erede al trono. Il duca finisce per rendersi disponibile garantendo anche il suo coinvolgimento personale. Il duca di Bourbon aderisce; quello di Berry accampa scuse, polemizza, insomma il suo è un no. Ovviamente il duca di Borgogna è sordo al richiamo di una patria nella quale, evidentemente, non si riconosce. Lui personalmente non vestirà l'armatura e non darà alcun aiuto a quel re ed a quel principe oggetti della sua avversione; già trama un accordo con l'inglese: a lui tutto il suo favore in cambio dell'aiuto a sradicare dal potere il partito Armagnacco degli Orléans. Benché condizionata dalle numerose defezioni, gelosie, ripicche e incomprensioni l'armata francese sta prendendo forma. La sua organizzazione rispondente ad ormai obsoleti modelli di tipo feudale ne rallenta ogni atto e ne mina alla base l'efficienza. Stando così le cose il Delfino niente può promettere né garantire alla delegazione dei cittadini di Harfleur. Questi tornano a mani vuote da chi li aspetta: Harfleur si arrende. Subito si mette in movimento la macchina della propaganda reale, fatta di padiglioni di seta, di ori, troni, livree e menestrelli. Ancora una volta, come quello svoltosi a Calais mezzo secolo prima, si assiste allo spettacolo dei cittadini con la corda al collo, genuflessi davanti ad un Plantageneto. A Raoul de Gaucourt comandante della piazza sono riservati strani onori delle armi, sì strani, dal momento che si deve inginocchiare anche più degli altri! Finalmente, ed è un sollievo per i poveri cittadini di Harfleur, le chiavi della città arrivano nelle mani di Enrico; la cosa lo placa e gli fa cambiare atteggiamento. Prende il via la fase morbida dell'approccio verso i suoi nuovi sudditi. Si dà da cena, si promette giustizia. Con l'aiuto dell'Altissimo, invocato per la circostanza, ciò che era già nel diritto ora lo è di fatto, si intenda l'appartenenza di Harfleur alla corona d'Inghilterra. L'accorrere di artigiani, mercanti e faccendieri provenienti dall'altro lato della Manica sarà favorito, la vita della città ripartirà nell'operosità e nel conseguente benessere. Per il momento però si fa bottino,

▲ **Assalto ad un città assediata, miniatura, Francia, 1390/1400.** Si notano un palvese ed alcune vesti imbottite. (Londra, British Library, MS Royal 20 C VII). *Assault on a besieged city, miniature, France, 1390/1400*

si saccheggia… pur senza esagerare…è il diritto di guerra e nessuno dei vincitori, nobile o comune, intende rinunciarci. Sotto il controllo del conte di Dorset, nominato governatore della città, vengono distribuite le provviste che già affluiscono dall'Inghilterra al pari di un primo gruppo di carpentieri, falegnami, muratori, chiamati a metter mano al risanamento delle ferite che il bombardamento inglese ha inferto al tessuto urbano della città conquistata.

Finite le Messe, le cerimonie ed i regali gesti i nodi cominciano a venire al pettine. Come potrà essergli possibile, si chiede Enrico, portare a compimento il suo progetto fatto di impetuose cavalcate conquistatrici ora che un elevato numero dei suoi guerrieri è morto o è stato rimpatriato per colpa della dissenteria e che per lo stesso motivo chi è rimasto, i più ben inteso, non dispongono più delle migliori risorse fisiche e morali? Una sfida a singolar tenzone con il Delfino è un'idea che passa e se ne va, dal momento che il buon Luigi figlio di Carlo si guarda bene dall'accettarla. E che dire del fatto che Enrico aveva mandato a dire al suo cugino Valois che l'idea del duello gli era venuta per il bene della Cristianità ispiratagli dalla Madonna e da tutti i Santi!? Operazioni di questo tipo non sono rare nemmeno ai giorni nostri, figurarsi nel Medioevo! In quell'epoca lontana agiva in più il consolidato concetto di "Giudizio d'Iddio". Enrico non lancia la sfida in quanto convinto di essere più prode, bensì dalla parte della ragione. Non rimane che considerare attentamente se sia veramente possibile intraprendere uno di quei raid (*chevauchée*) che penetrando a fondo nel territorio del nemico ne guastano il *plat pays*, ne fiaccano il morale e, scopo finale, lo sfidano a battaglia. "Battaglia? con l'armata in quelle condizioni? un suicidio!", pensano i consiglieri del re d'Inghilterra. D'un tratto si comincia a valutare la situazione in modo molto diverso rispetto all'entusiasmo suscitato dal veder volare via i primi pezzi di torrione della città assediata. Forse la partenza ritardata della campagna, forse la resistenza della città protrattasi al di là delle previsioni ha fatto sì che gli inglesi con la cattiva stagione alle porte stazionino ancora presso l'estuario della Senna. Non è difficile calcolare che contando i morti, i rimpatriati per malattia, i disertori e non ultimi gli uomini lasciati di guarnigione ad Harfleur, la forza inglese rimanente si aggiri intorno alle 6.000 unità e cioè 1.000 uomini d'arme e 5.000 arcieri. Scartata l'idea della cavalcata vittoriosa ma anche quella del rimpatrio a mani sostanzialmente vuote si cerca un'idea che almeno salvi la faccia ed appaghi le ambizioni dei più giovani guerrieri al seguito di re Enrico, quelle ambizioni che erano e rimangono anche le sue. Dopo che l'idea di creare una testa di ponte attorno ad Harfleur non ha trovato il giusto consenso si decide di raggiungere la città di Calais, che è territorio inglese. In questo modo almeno l'idea della cavalcata in terra nemica è salva. Enrico un po' sa e un po' si autoconvince che i francesi sono ben lontani dall'aver organizzato un esercito degno di questo nome e che forse non ci riusciranno mai dal momento che il contributo del duca di Borgogna, e questa e una certezza, sarà scarsissimo o, meglio ancora, non ci sarà. Poi anche le distanze giocano a favore degli inglesi. Vernon dove attualmente staziona il Delfino e dove ragionevolmente si riunirà l'esercito francese dista da Calais quanto Harfleur e non è affatto detto che l'eventuale esercito francese una volta radunato parta proprio lo stesso giorno di quello inglese e si diriga sicuro nella direzione utile per intercettarlo in tempo prima che quest'ultimo si metta in salvo dietro le mura amiche. La decisione di affrontare un tale rischio deve però prevalere in mezzo a non pochi dissensi né sono estranee alle varie prese di posizione le implicazioni derivanti dalla situazione di una dinastia, quella Lancaster, ancora non del tutto consolidata e che ha appena sventato un complotto per l'assassinio del re. Tornare in patria con in mano un pugno di mosche può essere legna secca per il rinfocolare delle velleità di chi ha mal digerito l'ascesa del Bolingbroke e di suo figlio. Il lucido disegno di Enrico comporta dei rischi ma può consentirgli di rientrare in Inghilterra potendo ostentare la prodezza di avere sfidato il nemico francese sul suo territorio e che solo il rifiuto di quest'ultimo gli ha negato la gloria di una vittoria in campo aperto. Prendendo la parola in consiglio Enrico ancora una volta gioca la carta oratoria del diritto ereditario e della sua certezza nell'appoggio dell'Onnipotente. A questi argomenti non si può obiettare, vista anche la risolutezza con cui il sovrano li porta avanti, per cui: fine della discussione, si parte per Calais. Così dopo due giorni, con il minimo delle riserve alimentari, senza cannoni e con pochi carri, il ridimensionato esercito di Enrico prende le mosse da Harfleur verso Calais.

LA MARCIA

Il giorno 8 ottobre dell'anno 1415, quel che rimane del bel corpo di spedizione che ha attraversato la Manica intorno alla metà di settembre si incammina verso Calais distante 200 miglia. Come d'abitudine la colonna è stata divisa in tre corpi, ora di marcia ma all'occorrenza di battaglia. Guidano l'avanguardia Sir John Cornwall e Sir Gilbert Umfraville; il re comanda il corpo principale coadiuvato dal fratello Gloucester e da John, Lord Roos; la retroguardia è agli ordini del duca di York e del conte di Oxford. Si viaggia leggeri, senza armatura addosso. Gli animali da soma ed i pochi carri trasportano l'armamento pesante e l'armamentario da viaggio da cui un re cristiano non può in nessun caso separarsi: il letto reale, la corona, lo scettro e la spada con la "S" maiuscola, il suo personale cucchiaio d'argento, le suppellettili per la Messa e per concludere non manca il suo pezzo di Vera Croce che i crociati hanno portato a suo tempo in Inghilterra. Il sole ha ormai fatto il suo tempo ed ora piove che Dio la manda. Si giunge a Fécamp. Gli ordini e le relative punizioni per chi saccheggia, violenta e profana non sono state revocate ma in quel paesello, passati gli inglesi, tutto brucia. La retroguardia è stata anche tormentata da qualche verrettone francese ma si è trattato di cosa di poco conto. Poi si attraversa la Béthune all'altezza di Arques, dove gli inglesi chiedono ed ottengono cibo dal castellano locale. Ad Eu è la Bresle che deve essere attraversata ed un forte numero di lance francesi caricano la colonna inglese. Dopo un aspro combattimento gli attaccanti si chiudono alle spalle la porta delle mura di Eu lasciando sul terreno numerosi morti; ma anche fra gli inglesi le perdite sono importanti . Ma è l'attraversamento della Somme che turba il sonno di Enrico e non a torto visto che da dove era passato Eduardo III nel 1346, a Blanche-Taque, non si passa. Il guado è presidiato da un contingente francese assai agguerrito. Dopo alcuni giorni di marcia lo spauracchio dell'attraversamento della Somme si è alla fine materializzato davanti al re ed alla sua gente. Strapazzando a dovere un malcapitato francese catturato si ottiene la notizia che i francesi a Blanche-Taque sono 6.000 e che li comanda il maresciallo Boucicaut. Per gli inglesi la notizia è delle più tremende perché significa che un'importante forza nemica li ha già intercettati. Enrico dubita che ci sia veramente il Boucicaut a fronteggiarlo, dato che lo si sa ben lontano, ma sull'entità numerica della forza che gli sbarra il passo crede alle parole del prigioniero e dopo aver addirittura valutato l'opportunità di far marcia indietro e ritornare ad Harfleur decide di risalire il corso della Somme in direzione sud-est alla ricerca di un guado praticabile. Dunque dopo la caduta di Harfleur la reazione c'è stata e la situazione è anche peggiore di quanto Enrico e i suoi immaginano. Il prigioniero ha detto la verità e non solo il maresciallo Boucicaut ma anche il conestabile d'Albret sono alla testa dei seimila bacinetti che hanno visto brulicare sulla sponda nord di Blanche-Taque. E' successo che in campo francese ci si è ricompattati e salvo il l'irriducibile duca di

▶ **Sella da guerra di Enrico V.** La seduta, alta rispetto alla groppa del cavallo suggerisce con efficacia il posizionamento del combattente a cavallo tardo medievale. (Londra, Dean and Chapter of Westmister)

War saddle of Henry V.

◀ **Thomas, Duke of (duca di) Clarence,** raffigurato nel suo monumento funerario. Fratello di Enrico V, Thomas viene rimpatriato da Harfleur per malattia. Muore a Baugé nel 1421. (Canterbury, Cattedrale)

Thomas, Duke of (Duke of) Clarence, captured in his funerary monument.

◄ **Jean "sans Peur", duc de Bourgogne (Giovanni "senza Paura", duca di Borgogna).** Capo del partito Borgognone, non partecipa e non collabora alla messa in campo dell'esercito anti inglese del 1415.

Jean "sans Peur", duc de Bourgogne (John "Without Fear", Duke of Burgundy). Head of the Burgundian party, does not participate and does not cooperate when starting up anti-British army in 1415.

Borgogna tutti si sono mossi, e lo hanno fatto con una tale sollecitudine che ormai tutte le forze francesi in campo si sono posizionate in modo da sbarrare la strada agli inglesi. Concentrati a Rouen gli uomini d'arme francesi, una moltitudine, si sono divisi in due tronconi. Uno, quello di Boucicaut e d'Albret è sulla riva nord della Somme già da tre giorni, l'altro, quello principale al cui comando si trovano i duchi d'Orléans, di Bourbon e d'Alençon è ad Amiens. Gli esploratori controllano le mosse degli inglesi seguendo il fumo dei villaggi e delle fattorie che bruciano al loro passaggio.

Le riserve di pane sono ormai finite e si butta giù soltanto un po' di carne secca, delle noci e quel qualcosa che si riesce a racimolare battendo una campagna che gli abitanti in fuga hanno svuotato. Non c'è che acqua da bere per i bravi arcieri, il vino è riservato ai Cavalieri. Il re mantiene la disciplina a fatica, gli arcieri mugugnano, la notte fa freddo ed il giorno l'afa autunnale accentua la fatica. I pochi villani che non si sono dati alla fuga manifestano la loro ostilità, dalle finestre delle casupole di un villaggio spuntano cenci rossi attaccati ad improvvisate aste: sì, sono gli *orifiamma dei poveri* che i *bonhommes* piccardi agitano a mo' di sfida verso chi ritiene di essere il loro re. Il giorno 15 ottobre riserva agli inglesi l'ennesima delusione perché la speranza di attraversare la Somme sul ponte situato nella località di Abbeville è inficiata da un forte presidio armato francese schierato a battaglia al di là del ponte. Attraverso il ponte parte una carica di cavalleria che mette a mal partito qualche arciere prima di essere respinta. Per far fronte ad altri simili attacchi in modo adeguato il duca di York suggerisce che ciascun arciere si procuri un palo e lo appuntisca da entrambi i lati in modo che uno di questi sia piantato nel terreno davanti a ciascun arciere e l'altro sia proteso verso l'eventuale carica di cavalleria con un'inclinazione di circa 45 gradi. Il re approva l'idea e dà l'ordine di eseguire l'operazione. Il palo da trasportare aggiungerà disagio a disagio ai poveri arcieri indeboliti dalla dissenteria e dalla denutrizione ma la sua utilità appare da subito fuori discussione. Spremendo qualche contadino finito nelle loro mani gli inglesi apprendono che nella zona di Nesle, più a sud, il fiume è guadabile in più punti ed allora si continua a marciare in quella direzione mettendo sempre più strada fra sé e Calais fin quando le caratteristiche del terreno suggeriscono ad Enrico un idea che può risolvere

◄ **Arciere a cavallo inglese.** L'arciere montato si sposta a cavallo ma combatte a piedi. Il suo soldo è adeguato alla necessità di provvedere al mantenimento del cavallo.

Horse Archer English. The mounted archer riding a horse but fights on foot. His money is adequate to ensure maintenance of the horse

TAVOLA A

1: Postazione di artiglieria inglese durante l'assedio di Harfleur
2: John Mowbray, earl of Nottingham

TAVOLA B

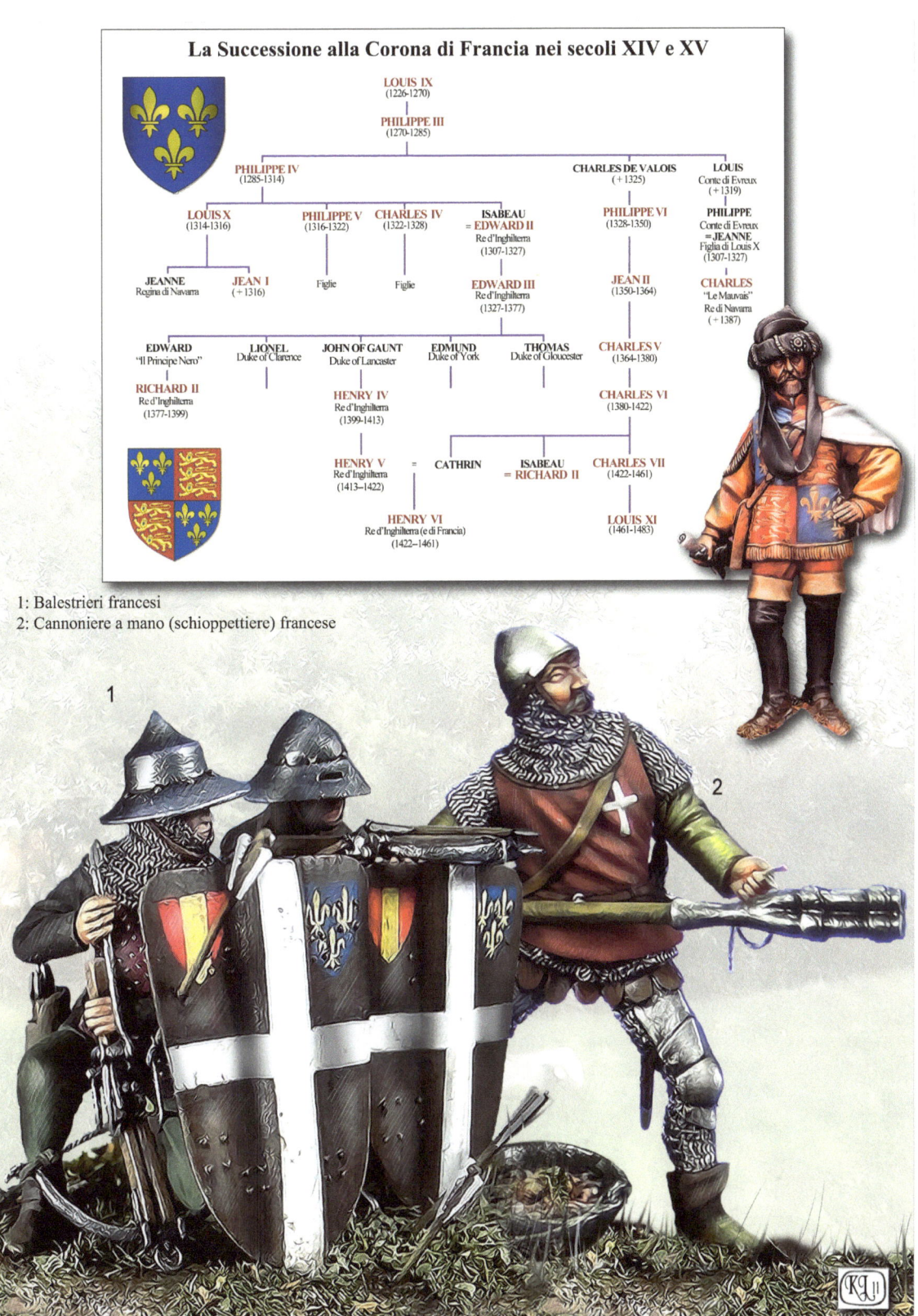

1: Balestrieri francesi
2: Cannoniere a mano (schioppettiere) francese

TAVOLA C

1: Jacques d'Heilly
2: Charles duc d'Orléans
3: Jean I duc de Bourbon

TAVOLA D

1: Porta stendardo del conestabile
2: Charles d'Albret, conestabile di Francia
3: Porta bandiera del conestabile
4: Charles d'ARTOIS, comte d'EU.

TAVOLA E

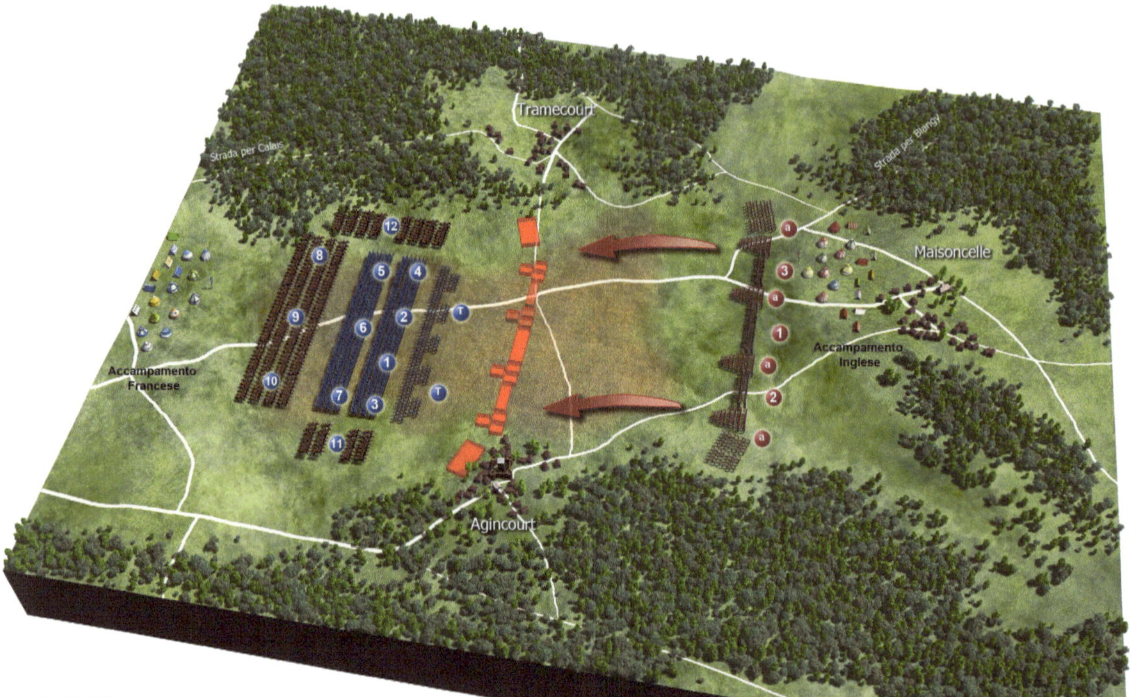

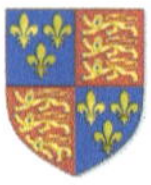

1 Henry V. 2 Camoys, 3 York, a: arcieri

1 D'Albret, 2 Boucicaut, 3 Bourbon, 4 Orléans, 5 Bar, 6 Alençon, 7 Nevers, 8 Marle, 9 Dammartin, 10 Fauquembergh, 11 Clignet de Brebant, 12 Vendôme, T: Tiratori (balestrieri e arcieri)

Le frecce rosse rappresentano lo spostamento della linea inglese dalla prima alla seconda posizione

▲ **La battaglia di Azincourt 25 ottobre 1415.** *The battle of Agincourt of 25 Ocober, 1415.*

▼ **Il campo di battaglia di Azincourt visto dal lato sud.** *The battlefield of Agincourt as seen from the south side.*

TAVOLA F

1S

2S

3S

1: Jean Le Meingre, "Boucicaut"
2: Artus de Richemont
3: Edouard III duc de Bar.

TAVOLA G

1: Jean de Craon vicomte de Chateaudun
2: Roland de Bruges, seigneur de la Gruuthuse.

TAVOLA H

Philippe de Bourgogne comte de Nevers.

TAVOLA I

1: Robert de Bar comte de Marle e Soissons
2: Valeran de Raineval comte de Fauquemberg.

TAVOLA K

1: Richard Woodwille, Esquire
2: Arcieri inglesi
3: Sir Thomas Erpingham.

TAVOLA L

Guillame de Saveause, seigneur d'Inchy

TAVOLA M

Araldica Francese 1

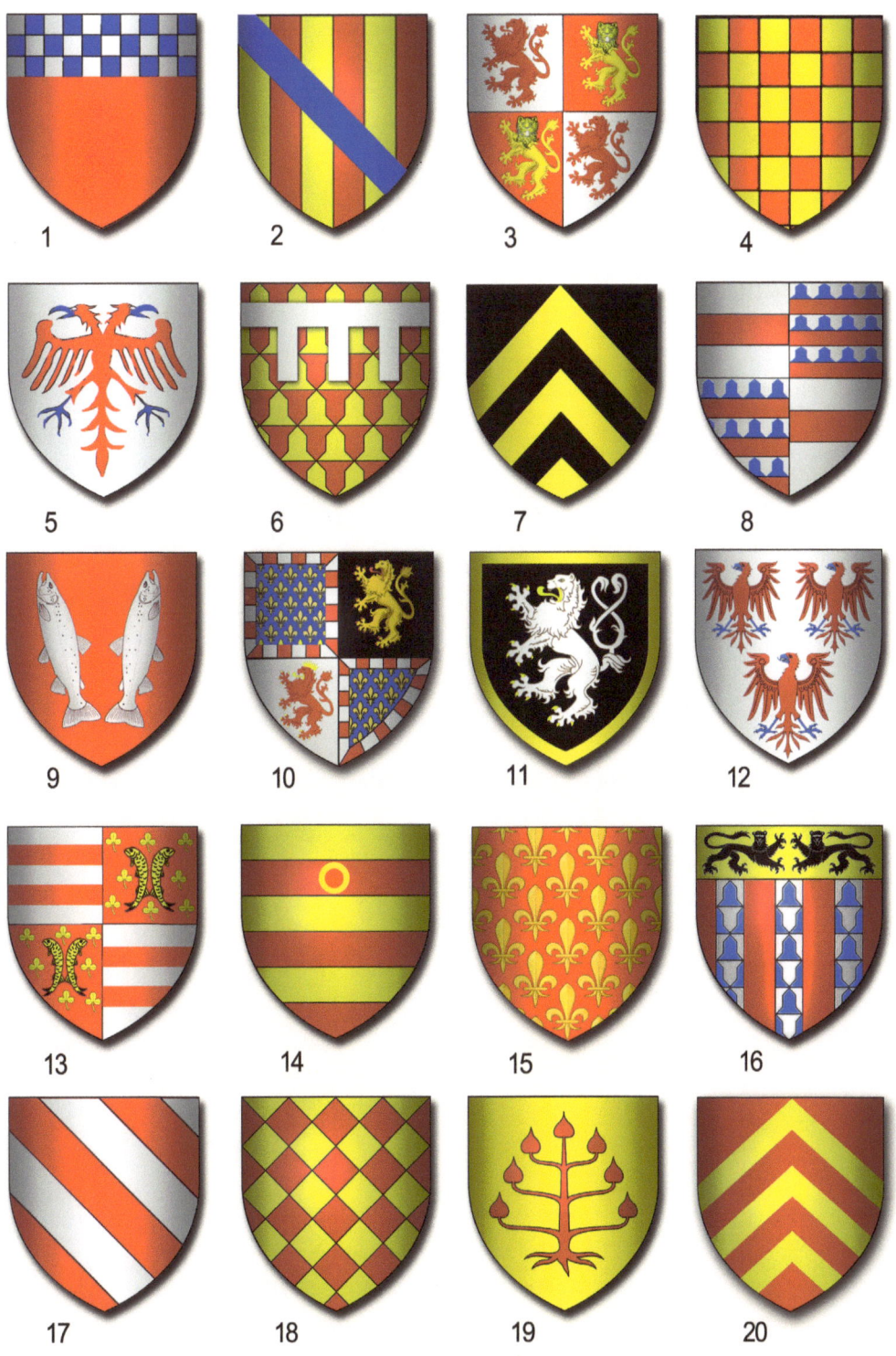

TAVOLA N

Araldica Francese 2

TAVOLA O

Araldica Francese 3

TAVOLA P

Bandiere e stendardi francesi

TAVOLA Q

il problema. Infatti a partire da Boves il corso del fiume forma quasi un angolo retto proteso verso nord. Abbandonando il corso del fiume e puntando dritti verso il punto in cui verso Béthencourt, non lontano da Nesle, l'angolo si completa, si può guadagnare tempo rispetto ai francesi che essendo dalla parte nord del fiume sono costretti a percorrere l'angolo in tutta la sua lunghezza per raggiungere la stessa località. Malgrado la marcia si svolga attraverso un terreno paludoso e su banchine dissestate l'espediente ha successo. Il passaggio viene individuato e sulla riva nord del fiume le lance del d'Albret non si vedono. E' il primo pomeriggio del giorno 19 ottobre; passa per primo un manipolo di arcieri mandati a formare una testa di ponte. Subito accorre un gruppo di francesi a cavallo che li vogliono ributtare nel fiume ma i bravi Umfraville e Cornwall, che con alcuni dei loro nel frattempo hanno guadagnato la riva nord, li disperdono. Quasi in fila indiana e per tutto il resto della giornata gli inglesi, armi e bagagli, completano l'attraversamento della Somme. Il sonno di quella notte è più sereno anche perché ignorano che i francesi si sono riuniti e che si sono acquartierati a sole sei miglia di distanza. Lì a Péronne il maresciallo Boucicut e il conestabile d'Albret prendono atto che l'armata francese che li ha raggiunti non ha al comando né il re (e questo era scontato) né il Delfino, al quale è stato consigliato di evitare una seconda Poitiers. Infatti quella lontana infausta giornata del 1356 si era risolta per la Francia con la perdita di una battaglia e la cattura del proprio re. Luigi se ne starà in disparte in attesa degli eventi. Le dispute che si accendono immediatamente su a chi spetti il comando supremo, su chi danneggia chi, e chi è duca e chi no, non impediscono che uno dei galli nel pollaio invii tre araldi da Enrico per decidere dove e quando sia disposto ad accettar battaglia. Arrivati all'accampamento inglese e dopo la prolungata genuflessione a cui il re d'Inghilterra è avvezzo sottoporre coloro che si presentano per parlamentare, gli araldi espongono i termini della sfida. Non un muscolo della faccia di Enrico si muove, la nottata di riposo ed una buona mezza mattinata per rimettere in arnese sorcotto araldico ed armatura gli permettono di sfoggiare il *look* delle grandi occasioni, quelle in cui si fa la storia. Altezzoso risponde agli araldi che lui non intende accettare la sfida essendo un legittimo re che sta percorrendo il proprio territorio, per cui proseguirà con i suoi la marcia verso Calais e diffida chiunque dall'impedirglielo; poi non si dica che lui non li aveva avvertiti! Sì, questo è il tono. Per gli araldi ci scappa anche una bella mancia di cento corone francesi d'oro. Enrico immagina già che quello che sta vivendo sia il giorno che verrà ricordato come quello della battaglia di Péronne, per cui da l'allerta ai suoi guerrieri e ordina ai suoi cavalieri di indossare la cotta d'arme; non è così, nessuna armata nemica si materializza, si fa sera, si fa notte, si vedrà domani. L'indomani, è il 21 ottobre, piove. Gli inglesi riprendono la marcia e, lasciandosi alle spalle Péronne, puntano verso Albert, direzione nord ovest. Quasi subito la strada che stanno percorrendo incrocia quella che porta a Bapaume, centro abitato più a est rispetto ad Albert, ed uno spettacolo allarmante si presenta ai loro occhi. La superfice molle della strada che conduce a Bapaume è stato spappolato di fresco dai piedi di migliaia di uomini in marcia. Si tratta evidentemente delle tracce dell'armata francese in movimento. Enrico teme che da un momento all'altro i francesi sferrino un attacco sul suo fianco destro ma per il momento il nemico non si palesa, per cui la marcia verso Calais continua indisturbata. I tormenti della fame e la stanchezza si fanno vieppiù sentire e la pioggia, sempre più intensa, martella ed inzuppa gli spiritati inglesi tanto che nemmeno i cappellani con le loro promesse di paradiso sono più in grado di rincuorarli. Raggiunta la località di Albert si continua così, vigili sulla propria destra, oltre Forceville, Acheux ed il castello di St.-Pol ed ancora il 23 ottobre fino a Leucheux dove un ponte scavalca il fiume Canche. La marcia degli inglesi prosegue con precauzioni sempre maggiori. Ora un'avanguardia precede un primo gruppo costituito da Enrico ed i suoi capitani, poi il grosso con i carri ed i bagagli. Il re riserva a se stesso la scelta del luogo dove sostare per riposarsi o magari per far fronte ad un eventuale attacco; gli esploratori lo informano e lui di persona raggiunge il luogo consigliato e decide. Un cronista ci racconta che in questa circostanza Enrico sbaglia strada ma dovendo tornare indietro si rifiuta di farlo. " Un re con indosso la cotta d'arme non torna sui suoi passi!", esclama. A questo punto la marcia ha portato gli inglesi nella valle del fiume Ternoise della quale percorrono il crinale oltre Blangy ed ancora, nella località di Anvin anche quest'ultimo fiume è attraversato. E' il 24 ottobre e poco prima anche i francesi si sono portati a nord, al di là della Ternoise e sono stati individuati da un esploratore inglese piazzato su un'altura. Lo spettacolo che gli si è parato davanti agli occhi e lo shock che questo gli ha comportato sono i soliti capitati a chi per primo ha avvistato la flotta persiana a

Salamina o le orde mongole che ricoprono la steppa o, in tempi più vicini a noi, a chi per primo ha visto l'esercito del re Zulu Chetshwayo annerire il terreno vallonato circostante all'altura di Isandlwana. I tre corpi di battaglia in cui l'armata reale francese è suddivisa occupano tutta la piana sottostante irti di selve di lance scandite dallo sventolio delle bandiere e degli stendardi; manca soltanto il sole a far risplendere le migliaia di bacinetti. L'esploratore parte a spron battuto, raggiunge il duca di York che lo ha mandato in perlustrazione e pieno di sgomento gli racconta quanto ha scoperto. Subito Enrico viene informato. I tre corpi di battaglia, in cui la colonna inglese non ha comunque mai cessato di essere divisa, ricevono l'ordine di fermarsi, poi il re cavalcando si reca dove lui stesso potrà vedere l'esercito nemico. "Ci sarà battaglia subito?" Si chiedono Enrico ed i suoi comandanti. L'esercito si schiera, i preti iniziano a dare l'assoluzione a chi la chiede, gli ufficiali perfezionano la posizione ed Enrico galoppa davanti alle linee incoraggiando arcieri e uomini d'arme. Tuttavia qualcuno pare aver bisogno di molte parole per essere incoraggiato e ad Enrico la facondia che si richiede ad un re in quel tipo di circostanza non manca, anzi è una delle sue grandi doti. Enrico è veramente convinto delle sue qualità personali e della sua giusta causa, non ha dubbi che la Provvidenza sia dalla sua parte e quando esterna questi suoi convincimenti riesce ad essere credibile ed efficace ed in poche parole, almeno in quel tipo di frangente, è l'uomo giusto al posto giusto. Ma il momento dello scontro non è ancora arrivato. I capi francesi non vogliono dare battaglia dal momento che l'esercito inglese è schierato in una posizione elevata quindi favorevole. Poi si sta facendo sera e con il buio il nobile francese non combatte: vuole vedere ma soprattutto vuole essere visto mentre caracolla sul suo destriero in uno svolazzio di stoffe multicolori e piume ondeggianti; vuole che menestrelli e cronisti raccontino, poi, ogni colpo di spada, ogni botta di mazza che ha assestato incassato negli arcioni della sella d'arme, ritto sulle staffe. Meglio allora che l'enorme oste si compatti del tutto e che si piazzi proprio attraverso la strada che porta a Calais; domattina il destino del Plantageneto si compirà. Lui, il Plantageneto, capisce che la battaglia cercata oggi si svolgerà con tutta probabilità domani, conduce i suoi fino al villaggio di Maisoncelles e ordina l'alt. Sta per calare la notte che precede il giorno della festa dei Santi Crispino e Crispiniano.

◄ **Scontro di cavalleria.** L'immagine e ricca di elementi di interesse per la conoscenza dell'aspetto degli uomini d'arme del primo quarto del XV secolo; si osservino: cimieri piumati; elmi a bocca di rana (evidentemente non del tutto in disuso!); spada di stocco e giusarma; maniche festonate; camaglio foderato. Manoscritto dell'opera di Christine de Pizan, Parigi, 1410/1414. (Londra, British Library, Harley, MS 4431)

Clash of cavalry. The image is rich in items of interest for understanding the appearance of men-at-arms of the first quarter of the fifteenth century, are observed: plumed helmets, helmets mouthed frog (obviously not completely abandoned!); Sword and gisarme, festooned sleeves; camaglio lined. Manuscript work of Christine de Pizan, Paris, 1410/1414. (London, British Library, Harley MS 4431)

▲ Monumento commemorativo della battaglia di Azincourt costruito nel XIX secolo.

Monument commemorating the battle of Agincourt, built in the nineteenth century.

LA NOTTE PRIMA DELLA BATTAGLIA

Di notte la pioggia non dà tregua. Maisoncelles è un villaggio di poche povere case per cui tanti hanno come riparo soltanto gli alberi. Hanno marciato per più di due settimane e gli arcieri negli ultimi giorni sono stati appesantiti anche dai pali anti cavalleria. Denutriti, ammalati di dissenteria, infreddoliti, gli inglesi sono allo stremo delle forze. Si consuma in silenzio quel che si è potuto racimolare lì intorno, chi ne è capace dorme, qualcuno preferisce combattere l'angoscia controllando l'efficienza del proprio armamento, facendo il filo alla spada o affidando il cappello di ferro all'intervento rigeneratore di un armaiolo. Il silenzio ed il buio della notte sono rotti dalle voci in lontananza dei francesi e dal chiarore dei fuochi del loro campo. Neanche per loro la giornata appena trascorsa è stata di tutto riposo, a lungo schierati a battaglia armati di tutto punto. Ora però si può scommettere su chi catturerà Enrico, sistemati all'asciutto e ben nutriti, magari grazie anche a qualche "disinvolto" saccheggio a danno dei contadini locali, subito dalle vittime quasi come una sorta di un ineluttabile "fuoco amico". Nel corso della notte gli araldi fanno la spola fra i due campi con offerte e controfferte di tregua. Enrico tenta l'ultima carta per evitare la battaglia. Via libera verso Calais per se e per i suoi uomini in cambio della rinuncia a tutti i diritti su Harfleur, propone. I francesi replicano che il recupero di Harfleur non basta, e che inoltre (e soprattutto) Enrico dovrà rinunciare in modo manifesto a tutte le sue pretese sulla corona di Francia. Il re d'Inghilterra rifiuta per cui le trattative cessano. La pioggia continua a cadere, gli arcieri vegliano affilando le punte delle frecce e dando di cera alle corde dei loro archi; domani ci sarà battaglia.

◄ **Stemma di Raoul de Saint-Rémy, cavaliere francese morto ad Azincourt.** Di nero al capriolo d'argento accompagnato da 3 gigli d'oro.

Coat of arms of Raoul de Saint-Remy, French knight who died at Agincourt. Of black to silver fawn accompanied by 3 golden lilies.

► **Rilievo del brass di William, Baron Willougby d'Eresby, 1400/1410.** Le fonti discordano sulla datazione precisa di questa splendida lastra. Tutto l'armamento è arricchito da un eccezionale apparato decorativo. Unica nel suo genere è la cintura gioiello posta in vita. Per la prima volta un monumento funerario inglese mostra il bacinetto integrato da una lama di guardacollo. (Spilby Church, Lincolnshire)

Relief of the brass of William, Baron of Eresby Willougby, 1400/1410. The sources disagree on the exact dating of this beautiful plate. (Spilby Church, Lincolnshire)

▼ **L'autore** in visita al Campo di battaglia di Azincourt.

The author visited the battlefield of Agincourt.

LA BATTAGLIA (1a parte)
LO SCHIERAMENTO INGLESE

La giornata del 25 ottobre dell'anno di grazia 1415 è appena cominciata. Prima dell'alba Enrico V ormai completamente desto pone fine al disagiato dormiveglia vissuto sul pagliericcio che il borgo di Maisoncelles ha saputo offrirgli. Subito una squadretta di paggi e scudieri lo attorniano recando chi il pettorale, chi un arnese di gamba, chi la gorgiera tanto da portare a termine a poco a poco la vestizione del sovrano con la sua completa armatura di piastra. Dopo l'armatura è la volta del sorcotto adorno dei leoni d'Inghilterra e dei gigli di Francia; per il momento il bacinetto resta nelle mani di uno dei più fidati scudieri. Alcuni preti lo raggiungono ed egli devotamente ascolta tre messe una dietro l'altra. Frattanto fuori nel villaggio e nell'area circostante, fredda e umida, gli uomini stanno emergendo dai granai, dalle stalle e dagli scantinati, circospetti, le mani già all'impugnatura della spada ed al manico dell'ascia nel timore che i francesi che in sogno li hanno tormentati nel loro torpore notturno si materializzino lì davanti a loro da un momento all'altro. Chi ha qualcosa da mangiare si abbandona ad un magro pasto ed ognuno controlla le proprie armi ed armature e forma le compagnie attorno alle bandiere dei capitani e dei signori. Non appena la terza messa reale è finita Enrico indossa il bacinetto impreziosito da una corona decorata di gemme e silenziosamente, con calma, con pochi gesti appena accennati rivolti ai suoi capitani dispone ché gli inglesi muovano da Maisoncelles e si schierino sui campi seminati di fresco a frumento alla distanza di un migliaio di metri dalle linee del nemico. Enrico si aspetta di essere attaccato e la posizione che ha occupato alle sei antimeridiane è essenzialmente difensiva. I boschi e le siepi che circondano Azincourt e Tramecourt mettono il ridotto contingente inglese al riparo da ogni possibile attacco sui fianchi da parte dei francesi che per di più vedono lo spazio su cui dispiegare le loro ingenti forze drasticamente ristretto dalla vegetazione che delimita da entrambi i lati la posizione scelta da Enrico per lo schieramento del suo esercito, le cui retrovie, per altro, sono protette dal borgo di Maisoncelles che con i suoi orti ed i suoi fabbricati può essere d'ostacolo all'impeto di un eventuale attacco nemico. Non rimane allora che occupare il maggior spazio possibile tra i boschi di Azincourt e Tramecourt anche al prezzo di essere obbligati a disporsi in una lunga linea poco profonda e senza concedersi alcuna riserva. Il carriaggio con i bagagli, incluso parte dei gioielli della corona e i cavalli di cui c'è gran penuria restano in paese insieme ai paggi ed a tutti coloro che per vari motivi non sono in grado di combattere. Dieci uomini d'arme e venti arcieri di scorta è il massimo che Enrico ritiene sottraibili dal già scarsissimo numero di uomini da schierare a battaglia di cui dispone. Gli uomini d'arme inglesi, tutti a piedi, sono divisi in tre corpi di circa 300 uomini ciascuno disposti su quattro file. Nel centro della linea è posizionato il corpo comandato dal re in persona e contraddistinto dalle sue quattro bandiere: l'inquartato di Francia e d'Inghilterra, la rossa croce di San Giorgio, la bandiera blu e oro di sant'Eduardo e la bandiera rossa e argento della Trinità. A queste si aggiunge l'insegna con l'impresa della casa di Lancaster, una coda di volpe issata su un'asta bianca e blu. A destra si posiziona l'avanguardia comandata dal massiccio duca di York attorniato dai numerosi Cavalieri e scudieri della sua *retinue*, a sinistra la retroguardia sotto Thomas, barone Camoys, un veterano di forte tempra e di massima affidabilità. I tre piatti d'argento del suo stemma decorano la bandiera che sventola a segnalare la sua posizione. Negli spazi fra i corpi di uomini d'arme si sono posizionati gli arcieri schierati a formare dei cunei protesi oltre le linee per poter colpire il nemico non solo di fronte ma anche sui fianchi. Completano lo schieramento altri due gruppi di arcieri posti esternamente a destra e a sinistra. Quello di destra (così riportano alcune fonti) è affidato al

◄ **Rilievo del brass di un cavaliere ignoto, c. 1405.** Siamo qui di fronte all'esaltazione massima dello stile a vita di vespa. Anche l'elaborata decorazione delle piastre maggiori che compongono l'armamento è tipica del primissimo Quattrocento ed è esattamente in quegli anni che mentre la spada acquisisce una sua specifica cintura di sospensione, la daga continua ad essere attaccata alla cintura gioiello. (Laughton Church, Lincolnshire)

Relief of the brass of an unknown knight, c. 1405. Here we face up to the exaltation of the style at waist of wasp.

◄ **Rilievo del brass di Robert, Lord Ferrers of Chartley, 1413.** Classica armatura inglese di alta qualità dell'epoca di Azincourt. Tipica è la seconda lama di raccordo inferiore ampia fino a formare stincaletto. La daga è sospesa direttamente alla lama più bassa della falda. (Merevale, Warwickshire, Abbey Church).

Relief of the brass of Robert, Lord Ferrers of Chartley, 1413. Classic weave high-quality English in the period of Agincourt.

controllo di Sir John Cornwall, lontano dall'immaginare che quella per lui, come vedremo, sarà una giornata fortunata. Il comando generale di tutti gli arcieri è affidato a Sir Thomas Erpingham, un vecchio capitano di provata fede lancastriana. Non si sa con certezza se già in questa primissima fase gli arcieri abbiano predisposto la protezione di pali appuntiti rivolti verso lo schieramento avversario. Chi fra gli arcieri soffre ancora di diarrea, e sono i più, decide di sistemarsi le brache calate fin sotto al ginocchio per trarne gli evidenti vantaggi di libertà di movimento. Su come gli uomini d'arme ricoperti di ferro abbiano provveduto a risolvere tale problema, i cronisti tacciono.... Alcuni autori moderni ritengono che gli arcieri siano posti esclusivamente in due grossi battaglioni ai lati dello schieramento senza i gruppi a forma di cuneo intercalati ai tre corpi di uomini d'arme. Il re corre la linea avanti e indietro in sella ad un cavallino grigio mentre il suo bianco destriero splendidamente "covertato" è affidato ai palafrenieri insieme agli altri cavalli tenuti lontani. Monta senza sproni per dimostrare che se il suo esercito sarà sconfitto egli non lo abbandonerà fuggendo. Di quando in quando si ferma e incoraggia gli arcieri e gli uomini d'arme, li chiama per nome, li accarezza con lo sguardo. Li esorta a combattere e sconfiggere i francesi, e cioè coloro che hanno promesso di tagliare tre dita della mano destra (quelle per tenere la freccia incoccata) ad ogni arciere inglese che cattureranno. Dice loro che si è recato in Francia per rivendicare quello che legittimamente gli spetta per diritto ereditario: la corona francese. Ricorda loro che sono nati in Inghilterra dove i genitori, le mogli ed i figli che hanno lasciato si aspettano di vederli tornare carichi di fama e di gloria, al pari di tanti loro predecessori che più volte hanno battuto i francesi onorando così se stessi e la corona d'Inghilterra. Dallo schieramento a più riprese si levano grida ed esclamazioni al suo indirizzo: "che il signore Iddio voglia concederci la vittoria sui nostri nemici e dare lunga vita al re d'Inghilterra".

LO SCHIERAMENTO FRANCESE

Charles d'Albret e gli altri capi di guerra francesi hanno schierato le loro forze lasciandosi appena alle spalle il loro accampamento in modo da sbarrare la strada per Calais. La loro situazione è analoga a quella dei loro avversari inglesi, nel senso che occupano un terreno costituito da campi coltivati intrisi di pioggia delimitati dai già citati boschi; quello di Azincourt a destra e quello di Tramecourt a sinistra. Nel punto dove i francesi dispongono le loro linee la distanza fra i due boschi misura poco più di un chilometro e comunque non più di 1.200 metri, cosa che già di per se crea loro seri problemi. Infatti le ingenti forze che compongono l'esercito francese non hanno lo spazio necessario per disporsi in modo tale da manovrare sfruttando la superiorità numerica. Seguendo una prassi consolidata i francesi predispongono tre grossi corpi di battaglia uno dietro l'altro, i primi due comunemente denominati avanguardia e corpo principale sono composti da uomini d'arme appiedati integrati dai soggetti (uomini d'arme e *gros varlets*) inquadrati nelle *retinues* nobiliari e nei contingenti cittadini. Il terzo, la retroguardia, è costituito in prevalenza da elementi non nobili schierati a cavallo. Variamente distribuiti, i combattenti provenienti dalle leve rurali vanno ad infoltire lo schieramento, eccezion fatta, è ragionevole immaginare, per il primo corpo di battaglia. Due ali di cavalleria nobile montata armata pesantemente stazionano ai fianchi dello schieramento pronte alla carica che dovrà dare inizio allo scontro. Non prima però che la "gente di tratto" (balestrieri ed arcieri) con una sequenza di tiri abbia intaccato la resistenza degli inglesi. Essendo questa l'intenzione di partenza del comando francese, i tiratori in gran numero stazionano davanti all'avanguardia pronti a riversare sugli inglesi le loro volate di frecce e di verrettoni. Non si esclude del tutto neanche la presenza di alcune bocche da fuoco e di non meglio precisate macchine da guerra mancanti però dello spazio necessario per essere messe in funzione. All'azione dei tiratori dovrà seguire la carica della cavalleria diretta verso le formazioni di arcieri posizionati ai lati dello schieramento inglese. Subito dopo l'avanguardia ed il corpo principale composto, come si è appena visto, di soggetti appiedati (in prevalenza uomini d'arme) dovranno avanzare e chiudere la partita annientando i nuclei di uomini d'arme nemici. Alla retroguardia, montata, è affidato il compito di inseguire i fuggitivi. Con questa sequenza di azioni nel 1382 a Roosebeke l'esercito francese aveva battuto i comunali fiamminghi di Philip van Artevelde; Charles d'Albret aveva preso parte a quella giornata .

Come si vedrà sta per accadere tutto, meno quello che è appena stato descritto. Le cose cominciano ad andare storte per i francesi nel momento stesso in cui d'Albret e Boucicaut schierano l'oste. Poiché è unanime convinzione che il nemico sarà distrutto al primo attacco, tutti i grandi signori vogliono partecipare al comando dell'avanguardia e coloro che non possono aspirare ad un ruolo di tale importanza pretendono perlomeno di prendervi posto con tanto di *arme* di famiglia in bella vista. Tale è l'accalcarsi in avanti che quasi tutta l'avanguardia è composta da nobili e gentiluomini che si spintonano per mantenere il posto in prima fila. Ed è tutto un clangore di cubitiere che cozzano, strattoni di sproni che si impigliano (e chi se li toglie, con il valore simbolico che hanno....!) ed un ondeggiare di bandiere che sbattono le une contro le altre. Al centro dell'adrenalinica messa in scena di queste cento e più bandiere multicolori, che il conflitto fra la traversina che le tiene tese e la ventilazione fa vibrare e frusciare, trova posto in

▼ **L'area dove si è svolta la di battaglia di Azincourt** così come si presenta attualmente. La strada che attraversa l'immagine da sinistra a destra è quella che, come al tempo della battaglia, porta all'abitato di Azincourt costeggiando il lato ovest del teatro dello scontro. La fotografia è stata scattata avendo alle spalle il cippo commemorativo che segnala l'estremo lato sinistro dello schieramento inglese.

The real area where there took place the battle of Agincourt

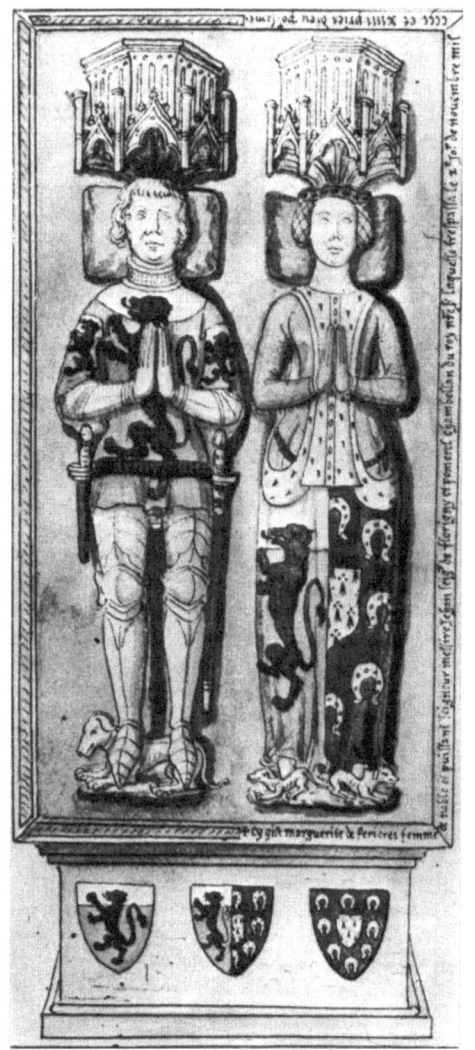

prima linea e si staglia inconfondibile il rosseggiare del sacro Orifiamma tratto per l'occasione dal tabernacolo di Saint-Denis ed ora saldamente nelle mani del suo portatore designato Guillaume Martel. In caccia dei posti in prima linea molti gentiluomini hanno abbandonato la loro gente che ormai priva del riferimento della bandiera del loro *patron* arretrano in seconda se non in terza linea borbottando. Tutti i Cavalieri e scudieri che non sono riusciti a guadagnare la prima schiera si piazzano nel corpo principale pronti a scattare al momento opportuno per ricongiungersi con l'avanguardia ad ostilità appena iniziate. Di colpo il piano di Charles d'Albret che aveva oculatamente predisposto una cortina di circa 5.500 fra arcieri e balestrieri (e qualche primitivo schioppettiere) di fronte all'armata si liquefà. Le insistite rimostranze dei grandi nobili dell'avanguardia che non vogliono dividere la gloria della vittoria con la "gente di tratto" di basso ceto costringono il conestabile ad ordinare loro di togliersi di mezzo. Mancando in un primo momento lo spazio per raggiungere una posizione a tergo dell'avanguardia gli arcieri ed i balestrieri defluiscono verso i lati dello schieramento andando così ad "impallare" lo spazio in cui si dovrà dispiegare la carica delle ali di cavalleria. Risultando evidente l'assurdità di un tale posizionamento si finirà per ordinare loro di andare ad occupare lo spazio fra il primo ed il secondo corpo di battaglia mettendoli di conseguenza nella condizione di non agire, tanto che l'ordine verrà disatteso ed il deflusso non si arresterà provocando alla fine il disimpegno totale dal combattimento di questi elementi.

Dopo molti conciliaboli il comando dell'avanguardia, ora composta da 8.000 uomini d'arme appiedati viene diviso fra il conestabile d'Albret, il maresciallo Boucicaut e i duchi d'Orléans e di Bourbon assistiti da Jacques de Châtillon, ammiraglio di Francia, dal conte d'Eu e da Artus de Richemont. Tant'è che tutti i principali comandanti dell'armata compresi d'Albret e Boucicaut sono lì in prima fila a rischiare la pelle e non adeguatamente distribuiti nel comando dei tre corpi di battaglia. Nel momento meno opportuno, di fronte al nemico, vengono al pettine i nodi delle dispute politiche che lacerano la Francia degli Armagnacchi e Borgognoni. In seconda linea il corpo principale è composto da un numero di uomini simile se non maggiore di quello dell'avanguardia ed è affidato al comando dei duchi di Bar e d'Alençon, personaggio quest'ultimo destinato a non mantener fede nell'occasione alla sua reputazione di uomo

cauto e prudente. In questo corpo hanno trovato posto i forti contingenti borgognoni che, seppure di mala voglia, il duca Filippo ha affidato al comando del conte di Nevers, suo fratello minore.

Il terzo corpo, o retroguardia, che staziona presso il villaggio di Ruisseauville, è composto di elementi tutti a cavallo (questa è almeno la tesi prevalente) ed è comandato dai conti di Marle (della casa di Bar), di Dammartin (dei de La Rivière) e di Fauquembergh (della casa di Raineval). Lo ingrossano tutta quella gente che lasciata a se stessa dai capi accorsi in prima fila ha ripiegato nelle retrovie, aggiungendosi alle milizie fornite dalle città e dalle leve feudali in senso lato. Amiens, Senlis e Tournai sono fra le città di cui si ha notizia che abbiano fornito armati per l'oste messa in campo ad Azincourt. Non mancano qui contingenti mercenari e soldataglie delle più svariate provenienze.

Le due ali di cavalleria sono composte di uomini d'arme protetti dalle migliori armature fatte completamente di piastra metallica e montati su pregiatissimi destrieri anch'essi protetti da barde di maglia di ferro e pannelli o "carene" anteriori e posteriori di cuoio cotto o piastra metallica, forme embrionali delle "barde articolate" complete che domineranno la scena nelle generazioni a venire. I circa 1.500 *bassinets* che il conte di Vendôme comanda sulla sinistra e gli 800 che Clignet de Brebant comanda alla destra dello schieramento stazionano, lancia in verticale e scudo imbracciato, in attesa dell'ordine di attacco. Fra i cavalieri facenti parte delle ali si conoscono i seguenti nomi: Jean , Sire d'Aumont, Guillaume, Hector e Philippe de Saveuse, Aléaume de Gapennes scudiero, Ferry de Mailly e Lamont de Lannoy. Già dalla prima mattina i corpi di battaglia francesi si erano formati e schierati in campo immobili. Gli uomini d'arme hanno passato le prime ore schierati ai posti assegnati loro, appoggiandosi alle lance che nottetempo i paggi hanno scorciato per renderle più adeguate al combattimento a piedi. In effetti in queste prime ore della giornata i francesi non hanno alcuna fretta di accelerare i tempi dal momento che sono gli inglesi che hanno l'urgenza di svincolarsi dalla situazione, fiaccati come sono dagli stenti e dalla malattia e nella necessità di proseguire la loro marcia sulla strada di Calais.

▲ **Restituzione grafica del monumento funerario di Guillaume, castellano di Beauvais e di sua moglie,** primi anni del XV secolo. Il sorcotto è provvisto di un accenno di manichetta festonata, mentre si nota l'assenza di cintura gioiello o di sospensione della spada e della daga.

Graphic reconstruction of the funerary monument of Guillaume, lord of Beauvais and his wife, early fifteenth century. The sorcotto has a hint of scalloped cuff, while you see missing jewel belt or suspension of the sword and dagger.

◄ **Restituzione grafica del monumento funerario di un cavaliere francese e sua moglie datato intorno al 1414.** Il sorcotto araldico è munito di mezze maniche su ciascuna delle quali lo stemma del cavaliere è ripetuto integralmente. (Oxford, Bodleian Library)

Graphic reconstruction of the funerary monument of a French knight and his wife, dated around 1414.

◄ **Miniatura francese datata 1410/1420.** Interessanti alcune protezioni del tronco costituite dall'assemblaggio in orizzontale di lame metalliche. (Parigi, BNF, FR 2810)

French Miniature dated 1410/1420. Interesting certain protections of the trunk formed by the assembly in the horizontal metal blades. (Paris, BNF, FR 2810)

LA FASE INIZIALE DELLA BATTAGLIA

Sono circa le sette del mattino e l'esercito di Enrico V ha completato il suo schieramento. Arcieri ed uomini d'arme hanno preso posizione con un occhio al loro sovrano e l'altro al terrificante spettacolo dello schieramento francese che si para loro davanti come un'enorme massa di ferro e stemmi. Ci si aspetta l'attacco, una carica, un'azione dei balestrieri francesi ma per le successive tre ore nessuno si muove. I francesi e gli inglesi si guardano, nient'altro. Cosa sia accaduto durante questo tempo risulta abbastanza controverso anche nella narrazione dei testimoni oculari. C'è chi parla di un movimento di arcieri inglesi nel bosco di Tramecourt mirato ad offendere i francesi dal retro, ma questa tesi è poco accreditata. Si parla anche di incendi verso Azincourt ma non è chiaro se ad opera degli inglesi o di qualche predone locale. Pare che da subito qualcuno con lo sguardo famelico si sia aggirato in prossimità del bagaglio inglese parcheggiato a Maisoncelles. La cosa certa è che le tre ore e passa di attesa, intollerabili per chiunque sappia che di lì a poco metterà in gioco la propria via, lo siano a maggior ragione per gli inglesi la cui situazione si fa di ora in ora più disperata. Non hanno cibo né hanno possibilità di procurarsene e l'armata francese appare come una pasta grigio argento, spessa, incombente e invalicabile che "stucca" la congiunzione fra cielo e terra e tappa la via di fuga. Consapevole della situazione Enrico in nottata ha trattato per una resa onorevole ma l'accordo non c'è stato. Il Sire di Heilly accompagnato da un altro paio di Cavalieri si stacca dalle linee francesi e, raggiunte quelle inglesi, si presenta al re. Con quale scopo: trattare? Spiare? Dopo un breve scambio di battute i francesi vengono rispediti al mittente con la promessa che tutto l'esercito inglese si metterà sui loro passi di lì a poco. Ed ecco che, malgrado la tattica di agire sulla difensiva più volte sperimentata con successo dagli eserciti inglesi e la posizione nella circostanza scelta proprio in funzione di questo, inatteso arriva l'ordine di re Enrico: "Avanzate bandiere! Nel nome d'Iddio Onnipotente, di Maria e di

San Giorgio!". Prima di avanzare ogni inglese si dedica alla *Comunione del guerriero*: si inginocchia, traccia in terra il segno della croce e ne porta una zolla alla bocca e la bacia. Ci si affida così al Creatore con la promessa però di non fuggire. Compiuta questa cerimonia tutti si alzano in piedi e gridano tre volte: "San Giorgio! San Giorgio! San Giorgio!". Ai francesi, nel sentirli e nel vederli avanzare nei campi fangosi con il massimo fracasso possibile prodotto da tutte le trombe, piffferi, cornamuse e tamburelli, cade il mento dallo stupore. L'avanzata procede a scaglioni, alternata da soste durante le quali si rinnovano le grida di auto incoraggiamento. L'avanzata della linea inglese si ferma a duecento metri dai francesi, valutando quella distanza come la migliore per il tiro degli arcieri. Una volta fermi si procede a piantare in terra i paletti di difesa e gli si rifà la punta. Un'occhiata all'allineamento…una serie di gesti d'intesa che corrono per lo schieramento…un cenno di Enrico…*"Nestroque!" ("Now strike!")*, grida il vecchio Erpingham abbassando il bastone. La prima volata di dardi triplo-impennati parte.

◀ **Statua raffigurante Sir Thomas Erpingham in preghiera.**
Tutti i testimoni oculari concordano nell'affermare che alla battaglia di Azincourt Sir Thomas Erpingham comanda tutti gli arcieri inglesi. Thomas è raffigurato con i capelli portati lunghi, all'antica. (Erpingham Gate, Cathedral, Norwich)

Statue representing Sir Thomas Erpingham in prayer. All witnesses agree that at the battle of Agincourt, Sir Thomas Erpingham controls all English archers. Thomas is pictured with her hair worn long, old-fashioned. (Erpingham Gate, Cathedral, Norwich)

L'ATTACCO DELLA CAVALLERIA FRANCESE

All'inizio l'avanzamento della linea inglese pare prendere di sorpresa i francesi. Nessuno di loro crede possibile che Enrico ed i suoi malandati seguaci possa fare qualcosa di diverso dall'arrendersi, per cui i comandanti francesi non sono pronti all'azione ed in quel momento non hanno il controllo del loro schieramento che con il passare del tempo è andato scompaginandosi. All'echeggiare del primo grido partito dallo schieramento inglese tutti quei Cavalieri francesi colti *a zonzo* fra le linee in vena di saluti ad amici e parenti cercano precipitosamente di recuperare la loro posizione prestabilita. Ora ci si abbraccia, si prega, si abbassano le visiere; il conestabile incoraggia chi gli è intorno cercando con scarsi risultati di metter ordine in quel guazzabuglio sgangherato che è diventata tutta la prima linea francese, ali di cavalleria comprese.

Nel bel mezzo di questa concitazione di movimenti e di voci il primo scroscio di frecce inglesi piomba a gragnuola sui francesi. Qua e là lungo tutta la prima schiera qualcuno comincia a cadere urlando di dolore trafitto da quelle frecce che per ventura si sono fatte strada fra gli stretti punti di connessione delle armature. C'è chi ha l'ascella trapassata, chi per sua somma disgrazia è stato raggiunto da una freccia che gli ha slabbrato l'occhiaia della visiera e gli si è ficcata in uno zigomo. Quei pochi tiratori che, sgomitati via dai nobiluomini francesi, non hanno raggiunto le retrovie e sono tuttora ammassati ai fianchi dello schieramento, vengono investiti dal tiro nemico; alcuni, sfidando la pioggia mortifera, producono la loro unica, timida volata di risposta mentre i più, ridotti simili a puntaspilli, stramazzano al suolo o se la danno a gambe. Parte una cannonata: Roger Hunt, *longbowman*, ne resta ucciso.

A questo punto le ali di cavalleria comandate a destra da Clignet de Brebant ed a sinistra dal conte di Vendôme, o meglio i pochi cavalieri pronti fra quelli che ne fanno parte si lanciano in avanti, senza che qualcuno abbia dato un vero ordine di attacco a chicchessia. Questi attaccanti sono valutati in 300 a destra (ma un cronista dice 150) e 160 a sinistra e non c'è pieno accordo nemmeno sui comandanti. Non si sa se il Vendôme si sia mosso oppure no; di certo non si è dato alla fuga perché comunque sia andata Sir Cornwall lo prenderà. Né di altri si hanno notizie precise in questo senso salvo che per Guillaume

▼ **a sin.: Stemma di Guillaume de Trie**, cavaliere francese morto ada Azincourt. D'oro alla banda d'azzurro.
A dex.: Stemma di Pierre de Brébant, detto Clignet. Secondo alcune fonti è al comando dell'ala destra di cavalleria francese. Sopravvissuto. Fasciato d'argento e di nero di 8 pezzi, su tutto una banda di rosso caricata da 3 conchiglie d'oro.

to left. Coat of arms of Guillaume de Trie, French knight who died at Agincourt. Gold at the blue band. at right. Coat of arms of Pierre de Brébant, Clignet said. According to some sources, is in command of the right wing French cavalry. Survived. Swathed in silver and black 8 pieces, all over a band of red loaded with 3 gold shells

de Saveuse arrivato, si sa per certo, fino ad impattare nei pali predisposti dagli inglesi essendone catapultato in avanti fino a piombare in terra dove dopo un attimo muore di daga inglese.

I destrieri francesi di per sé pesanti a causa del proprio armamento e del cavaliere che hanno in groppa, ma per di più enormemente impediti nel procedere dal terreno molle a causa delle piogge, vengono avanti ad una velocità ben minore di quella normale e funzionale all'esito positivo dell'azione avviata. Ne consegue che più si prolungano i tempi della carica più salve di frecce raggiungono gli assalitori. Trafitti da una, due, tre frecce, i poveri animali prendono la mano ai loro cavalieri, si impennano, scartano, disarcionano baroni e baccellieri che atterrano nella "mota". Poi volgono le terga al Lancaster ed ai suoi seguaci, alcuni dei quali sono già intenti alla selezione dei fangosi: quelli di rango alle catene, gli altri al Creatore con un colpo di *sfondagiaco* assestato bene: e tanti saluti a San Giorgio e a Sant'Eduardo patroni dei Cavalieri d'Inghilterra. Come si vedrà in seguito nel giorno dei Santi Crispino e Crispiniano varrà il proverbio che dice: "Chi ben comincia è a metà dell'opera".

Si argomenta che l'idea dei francesi era che la carica di cavalleria doveva svilupparsi sul fianco degli inglesi per poi rivolgersi sul retro. Il punto non è questo, dal momento che i francesi, non essendo ciechi, ben vedevano i boschi che impedivano questo tipo di operazione. La realtà è che la carica, come tutte le altre azioni intentate dai francesi nel corso di tutta la giornata fu effettuata malamente nei tempi e nei modi, frutto della massima sopravvalutazione delle proprie capacità tale da indurli alla totale sottovalutazione delle difficoltà derivanti dalla natura oggettiva (la ristrettezza dello spazio) e contingente (il terreno molle) del teatro dello scontro.

(Fine 1a parte, segue a pag. 51 del 2° volume)

LE TAVOLE - THE PLATES

Copertina : LA CARICA DELLA CAVALLERIA FRANCESE
Louis de Bourbon, seigneur de Préaux è uno dei capi dell'ala di cavalleria che carica gli inglesi partendo dall'estremo lato sinistro dello schieramento francese. L'illustrazione lo raffigura seguito dal suo porta bandiera e da Jean IV, detto Hutin, signore d'Aumont. Louis e Hutin perdono la vita in combattimento. Gli scudi di entrambi presentano la bocca per l'appoggio della lancia. Scudi adibiti al combattimento a cavallo muniti dell'appoggio per la lancia e di forme ovate o tendenti al quadrangolare sono in uso a partire dalla metà del Trecento. I cavalli hanno tutti belle testiere in metallo e quelli del Bourbon e del suo porta bandiera presentano barde di maglia di ferro. Si osservi la doppia brisura dello stemma costituita dalla banda e dalla bordura entrambe rosse. Riguardo ai merletti rossi dello stemma di Hutin Aumont si segnalano varianti fino ad un numero massimo di nove.

Tavola A: CARTINA DELLA CAMPAGNA

Tavola B: POSTAZIONE DI ARTIGLIERIA INGLESE DURANTE L'ASSEDIO DI HARFLEUR La caduta di Harfleur è uno dei primi eventi bellici in cui l'artiglieria ha rivestito un ruolo decisivo. L'illustrazione propone un pezzo di medio calibro il cui sistema di caricamento è costituito da un segmento mobile facente funzione di camera di scoppio. La maniglia e la zeppa segnalano la presenza di questo elemento. Gli artiglieri agiscono al riparo di una palizzata che in corrispondenza di ciascuna postazione lascia spazio ad una cortina ribaltabile. Il sistema di caricamento a camera mobile consente il posizionamento fisso del cannone a ridosso della cortina ribaltabile. L'uomo d'arme inglese raffigurato è il conte maresciallo John Mowbray che a causa dei malanni contratti durante l'assedio verrà rimpatriato. Il 3 maggio del 1421 il conte John diverrà il 139° Cavaliere della Giarrettiera.

Tavola C: HOMMES DE TRAIT
Nella Francia del Medioevo con il termine *homme de trait* si qualifica ogni combattente adibito a lanciare un qualsivoglia proiettile per mezzo di un'arma da getto portativa. Riguardo agli arcieri questi, pur presenti negli eserciti francesi, non possono competere con i loro colleghi inglesi. In Francia la

▶ **Bacinetto, Italia del nord (?), 1390/1410.**
Malgrado la visiera sia ancora molto appuntata, l'assenza di fessure di aerazione all'altezza della bocca datano con certezza il reperto intorno all'inizio del XV secolo. (Parigi, Musée de l'Armée)

Bascinet, Northern Italy (?), 1390/1410. Despite the pinned visor, the absence of air vents at the mouth date the find with certainty around the beginning of the fifteenth century. (Paris, Musée de l'Armée)

◀ **Bacinetto, Germania meridionale o Italia settentrionale (?), c. 1390.** Il fatto che gli elementi plastico-funzionali della visiera quali le fessure oculari, il becco e le fessure di aerazione formino un "cono" molto proiettato in avanti, consente la precisa datazione del reperto. (Sluderno, Castello di Churburg, 15)

Bascinet, southern Germany and northern Italy (?), C. 1390. The fact that items such as plastic-functional visor slits eye, beak and vents form a "cone" very thrown forward, allows the precise dating of the find. (Sluderno, Castle Churburg, 15)

cultura dell'arco manca a vantaggio di quella della balestra derivante sia dalla frequente presenza di contingenti di balestrieri mercenari (detti genericamente genovesi), sia dalla maggiore diffusione in Francia di grandi centri urbani rispetto all'Inghilterra. Infatti è comune a tutta Europa l'abitudine a costituire reparti cittadini di balestrieri. Quelli raffigurati nell'illustrazione appartengono al contingente della città di Senlis come si evince dallo scudetto rosso al palo d'oro che compare a contrassegnare il palvese. Gli elementi caratteristici dell'epoca e dell'area di provenienza di questi balestrieri sono il meccanismo di caricamento della balestra del tipo detto *a piè di capra*, il palvese di forma vagamente ovale e di ridotte dimensioni ed i cappelli di ferro che entrambi i personaggi indossano a protezione della testa di cui uno con due feritoie per la vista praticate nella tesa. In mancanza di notizie precise sull'uso della croce bianca come distintivo di riconoscimento da parte dei francesi ad Azincourt, quella qui visibile va intesa come niente di più di una ipotesi di ricostruzione.

Pare proprio che alcuni schioppettieri francesi fossero presenti ad Azincourt; ancora più probabile è da considerare la presenza di questo tipo di combattente durante l'assedio di Harfleur. Alcune di queste primitive armi da fuoco portative costituite sia da una canna singola che da canne multiple raggruppate e sistemate in cima ad un palo ci è pervenuta in uno stato di conservazione sufficientemente buono da poterne valutare a pieno la funzionalità.

Tavole D & E: I PRINCIPI DEL GIGLIO

Tutti gli autori, dai cronisti coevi ai saggisti attuali, concordano nella convinzione che all'inizio della battaglia tutti i grandi di Francia accorsero in prima linea impazienti di iniziare a menar stoccate di lancia e di spada agli inglesi che apparivano talmente male in arnese da autorizzare l'idea che sarebbero stati sopraffatti al primo assalto. La scena ipotizza la concentrazione intorno al conestabile d'Albret di tutti i principi (più esattamente duchi) di sangue reale presenti. Il *Playmaker* della situazione è, o meglio vorrebbe e dovrebbe essere, il conestabile d'Albret. In qualità di comandante in capo dell'esercito intende agire con prudenza. Ha 47 anni e da 26 gli è stato concesso di aggiungere l'inquartato dei gigli di Francia (per via di matrimoni è nipote di re Carlo V di Valois) al suo stemma familiare *di rosso pieno*, stemma di guascone "pentito"….. Sì, pentito, dal momento che i suoi avi, quelli di rosso pieno e niente più, avevano combattuto a Crécy e a Poitiers dalla parte degli inglesi. Lui vuole rimanere estraneo all'agone politico che agita i galletti gigliati che lo attorniano, lo pungolano, lo forzano all'azione. Arriva Jacques d'Heilly con la notizia che gli inglesi si sono mossi; tutti scattano alla rinfusa, senza alcun ordine preciso a piedi, a cavallo, tutti avanti! Morti o prigionieri tutti pagano, anche il d'Albret. Anzi, lui ed Heilly più di tutti: morti. Orléans, Eu e Bourbon prigionieri. Del duca d'Orléans, in queste note, si parla altrove. Di lui si noti qui la variante araldica priva dell'inquartato e dunque: di Francia Moderna al lambello di 3 d'argento. Jean I, duc de Bourbon porta di Francia Moderna alla banda di rosso. La casa di Bourbon da circa un secolo porta la brisura della banda rossa sullo stemma reale di Francia. In questo caso, come in quello dell'Orléans si tratta di Francia Moderna, cioè quello stemma che a partire dal regno di Carlo V ha sostituito l'antico seminato di gigli d'oro con i soli tre gigli classicamente posti due, uno. Il personaggio all'estrema destra è Charles d'Artois, comte d'Eu. Dal 1350 la casa d'Artois è titolare della contea normanna di Eu. La sua parentela con la casa reale di Francia non è diretta per cui il suo stemma conserva il seminato di Francia Antica. Peculiari sono i pendenti del lambello caricati ciascuno di tre torrette d'oro. Il personaggio all'estrema sinistra è il Cavaliere Jacques d'Heilly. Il suo bacinetto è integrato da una lama di guardacollo carenata spesso visibile nelle miniature ed il suo stemma si blasona: di rosso a 7 fusi accollati in banda d'oro. Le due insegne che completano la composizione sono entrambe pertinenti al conestabile d'Albret. Quella quadrangolare è la sua bandiera araldica personale. Per l'altra, date la forma allungata e le dimensioni maggiori, è più corretta la definizione di stendardo. Lo stendardo con i tre gigli dorati sul fondo bianco segnalava la presenza del conestabile sul campo.

Tavola F: MAPPA DELLA BATTAGLIA - POSIZIONI INIZIALI

Tavola G1: BOUCICAUT

La sua fama di prode fra i prodi gli salva la vita ma lo porta a frequentare le galere nemiche, prigioniero dopo battaglie perse. Tremenda quella del Turco seguita al disastro di Nicopoli; migliore, forse, quella che gli tocca dopo la battaglia di Azincourt. Essendo uno dei pochi scampati al massacro dei prigionieri, muore a Londra nel 1421: nessuno si è mosso per pagarne il riscatto. Il suo nome completo è Jean II Le Meingre detto "Boucicaut", soprannome che gli proviene da suo padre Jean I che aveva preceduto il figlio anche nella carica di conestabile di Francia. Intensa è la sua attività in Italia essendo fra l'altro governatore di Genova per alcuni anni per conto del re di Francia e confrontandosi in quella città con il figlio del famoso doge Simone Boccanegra. Una miniatura di un codice conosciuto come *Ore di Boucicaut* lo raffigura inginocchiato a capo scoperto con i capelli acconciati *à ecouelle* secondo la moda dell'epoca (pag.18).

Tavola G2: ARTUS III DE RICHEMONT
Il confronto per la successione al ducato di Bretagna si snoda in modo conflittuale durante tutto l'arco della Guerra dei cent'anni di cui rappresenta un ramo collaterale. Artus III de Richemont è protagonista ed oggetto di questo scontro, sballottato fra le parti che si confrontano nella Francia degli ultimi Valois: gli inglesi ed i partiti degli Armagnacchi e dei Borgognoni. Motivi di opportunità politica vogliono Artus in campo ad Azincourt alla testa di un bel gruppo dei suoi bretoni. Lo feriscono e lo portano prigioniero in Inghilterra. Negli anni successivi Enrico V se lo tirerà dietro come trofeo da esibire in giro per la Francia conquistata. Il vento cambia e nel 1425, Artus è conestabile di Francia ed è con questa carica che dà un importante contributo nel liberare il paese dagli inglesi. Nel 1457 è duca di Bretagna. Al tempo di Azincourt, Artus de Richemont vede l'ermellino bretone del campo del suo stemma cadenzato dal fantastico lambello d'Inghilterra, rosso con ciascun pendente caricato di tre "leopardi" d'oro.

Tavola G3: IL DUCA DI BAR
Edouard III, duca di Bar era uno dei comandanti del secondo corpo di battaglia e con tutta probabilità fu uno dei maggiorenti che smaniosi di gloria abbandonarono il loro schieramento per accorrere in prima fila. Essere uno dei nobili di Francia di primissima fascia non fu sufficiente a salvargli la vita; forse cadde in battaglia o forse durante il massacro dei prigionieri. Edouard, essendo figlio di Maria di Francia era nipote del re Giovanni "il Buono" nonchè zio di quel René che sarebbe diventato re di Napoli e ricordato come *"le Bon Roi René"* autore, fra l'altro del famoso *Livre des Tournois* e del poemetto intitolato *Le Livre du Cuer d'Amours espris,* entrambi straordinarie fonti di documentazione letteraria ed iconografica sul costume civile e militare cavalleresco della prima metà del XV secolo. Lo stemma di famiglia dei duchi di Bar è una palese *arma parlante*. Infatti i pesci che vi compaiono sono barbi, in francese arcaico *bar*.

Tavola H1: IL VISCONTE DI CHATEAUDUN
Jean de Craon, visconte de Chateaudun e signore di Montbazon, Moncontour e Saint-Maure nel 1413 era stato gratificato da una titolarità prestigiosa, quella di Gran Coppiere (*échanson*) di Francia. Il titolo di Gran Coppiere era riservato a colui che doveva versare da bere al sovrano, garantendo di persona che le bevande non fossero avvelenate. Jean de Craon come tanti altri morì in battaglia. L'immagine

▶ **La battaglia di Crécy, 1346.** In primo piano i balestrieri francesi e gli arcieri inglesi si confrontano. Questa miniatura eseguita intorno alla metà del XV secolo, benché del tutto fuorviante sia sull'equipaggiamento dei personaggi che sulla narrazione dell'evento, mostra adeguatamente il caricamento della balestra a mulinello. (J. Froissart, Chroniques, Parigi, BNF FR 2643, fol 165)

The battle of Crecy, 1346. In the foreground, the French crossbowmen and English archers are confronted.

coglie un combattente nobile così come risulta fosse armato ed equipaggiato per affrontare lo scontro a piedi gomito a gomito con molti compagni d'arme armati in modo analogo. La lancia e lo scudo sono quelli previsti per il combattimento a cavallo. E' da escludere che la nobiltà francese avesse messa in conto l'eventualità di doversi schierare a battaglia a piedi. Le notizie sulla precaria situazione in cui versavano gli inglesi autorizzava l'esclusione di questa ipotesi ed ormai la lezione di Crécy e Poitiers era del tutto dimenticata. La lancia ovviamente è stata abbondantemente scorciata ma dovendo pur sempre essere gestita con entrambe le mani fa sì che l'utilizzo della guiggia dello scudo passata intorno al collo sia mantenuto. Lo stemma del visconte di Chateaudun si blasona come segue: inquartato, al 1° e al 4° losangato d'oro e di rosso (Craon), al 2° e al 3° d'oro al leone di nero (Fiandra).

Tavola H2: ROLAND DE BRUGES, SEIGNEUR DE LA GRUUTHUSE

Sulla presenza del signore della Gruuthuse alla battaglia di Azincourt non si ha notizia certa né, tanto meno, del suo destino in battaglia. Pare che sulla genealogia di questa famosa ed importantissima famiglia fiamminga ci siano molte controversie. A Bruges il bellissimo stemma degli Aa signori della Gruuthuse campeggia sui muri esterni del palazzetto di famiglia oggi sede di un interessante museo di arti applicate medievali e rinascimentali. Ogni elemento visibile in questa raffigurazione è indicazione fedele dell'aspetto di un combattente nobile francese del periodo della battaglia di Azincourt. Passiamone in rassegna i vari elementi: gran bacinetto con coppo libero all'interno delle piastre di guardacollo e di gronda incernierate fra di loro, visiera globulare; armatura degli arti munita di doppie lame di articolazione ed alette discoidi alle cubitiere ed ai ginocchielli; guanti a clessidra; sopravveste ampia a mezza coscia del tipo *tabard* munita di grandi maniche; scudo concavo a targa con bocca per la lancia, previsto per il combattimento a cavallo. L'osservazione dell'iconografia coeva non autorizza ad immaginare l'uso in guerra di lance rastremate con il restringimento nell'area della presa, tipo quelle da torneo. Anche la rappresentazione di protezioni della mano tipo rotelle o imbuti (schifalancia) è abbastanza rara anche se compare già nel XIII secolo. L'abbandono dello scudo avviato negli anni immediatamente successivi ad Azincourt provoca l'utilizzo sempre più diffuso di dette protezioni della mano che impugna la lancia.

Tavola I: L'EREDITA' DELL'ARDITO

In Giovanni "senza Paura" lo spirito di parte prevale su qualsiasi altro tipo di motivazione. Lui, primogenito di Filippo "l'Ardito" duca di Borgogna, divorato dall'odio contro i membri della linea "cugina" d'Orléans non muove paglia in difesa del regno Valois sotto attacco da parte di Enrico d'Inghilterra. Per due dei suoi fratelli minori, invece, è più importante l'essere francesi per cui contravvenendo agli ordini del fratello maggiore partecipano alla battaglia e cadono combattendo. Filippo, conte di Nevers muore probabilmente durante la mischia generale che si sviluppa nella parte centrale dello scontro mentre per gli accadimenti che conducono a morte l'altro fratello Antonio, duca di Brabante si rimanda alle pagine del secondo volume di questa pubblicazione. L'illustrazione presenta Filippo nella più classica delle personificazioni di un cavaliere nobile dell'ultima parte del Medioevo. Metallo lucente e tessili variopinti ricoprono la macchina uomo-cavallo dalla testa ai piedi evocando i tratti del mitologico centauro e preannunciando con largo anticipo nel look e nella vibrazione emotiva suscitata nello spettatore quel personaggio che ai giorni nostri viene definito anch'esso "centauro": il pilota della moto "GP". Il casco integrale del Valentino dei giorni nostri vale il gran bacinetto "a muso di cane" di Filippo: si chiude la visiera ed il personaggio, invisibile, evoca leggende. Il sorcotto e la coverta abbelliti dall'araldica valgono la tuta del pilota e la livrea della carenatura della motocicletta. L'armatura dell'uomo e del cavallo sono all'ultima moda e di primissima qualità. Riguardo all'inquartato che ne compone lo stemma, i due fratelli hanno in comune la Borgogna Moderna al primo ed al quarto *quarto*; per Filippo il secondo ed il terzo *quarto* prevedono la Borgogna Antica mentre Antonio ha al due il leone d'oro su nero di Brabante ed il leone a coda biforcuta rosso su argento di Lussemburgo al quarto *quarto*.

Tavola K: IL TERZO CORPO DI BATTAGLIA FRANCESE

Nel corso della lettura di questa pubblicazione più di una volta il lettore troverà le notizie relative al ruolo svolto dal terzo corpo di battaglia francese alla battaglia di Azincourt. In questa sede ci si soffermerà sull'armamento, l'equipaggiamento e l'araldica dei personaggi raffigurati nell'illustrazione. Iniziando dalle protezioni della testa, si segnala l'apparente atipicità di quella del porta bandiera. Questa sorta di casco globulare, integrato da una tesa e da una lama di guardacollo, seppur meno comune è spesso rappresentata con alcune varianti nelle miniature francesi del primo '400. Gli altri due soggetti portano entrambi un gran bacinetto di cui quello di destra è il più moderno. Altrettanto moderni sono gli elementi visibili delle protezioni degli arti inferiori e i guanti a clessidra, il tutto arricchito dalle tipiche liste dorate. Le sopravvesti dei tre personaggi hanno tutte maniche ampie ma di tipo diverso le une dalle altre ed anche le sopravvesti stesse seppur tutte corte sono di taglio diverso: cortissima quella di sinistra, ampia e sgonnellante quella al centro, più attillata e avvolgente quella di destra. I cavalli hanno protezioni rigide importanti: sopra la coverta quello al centro, al di sotto di questa quello di destra. Molto ben visibili sono i corni avvolgenti il bacino dell'arcione posteriore (o secondo arcione) della sella del porta bandiera. Robert de Bar, comte de Marle et Soissons, al centro, era uno

▲ **Castellani di Saint-Floret, 1415/1425.** La falda di maglia di ferro è indossata sopra un'apparente cotta ad armare. La daga è nella caratteristica posizione determinata dal peso del pomo. I teli anteriore e posteriore che compongono il tabarro sono uniti fra loro lateralmente con un'abbottonatura da sotto le ascelle fino circa alla vita per poi essere liberi in modo da consentire un'adeguata gestione della spada e della daga. (affreschi in situ, Saint-Floret, castello)

Castellans of Saint-Floret, 1415/1425. The pitch of chain mail is worn over an apparent crush.

dei comandanti del terzo corpo di battaglia. Figlio di un fratello minore del duca Edouard III de Bar, e di Marie de Coucy (contessa di Soissons) Robert cadde in battaglia. Il suo stemma è controverso nel senso che alcune fonti omettono il seminato di croci ricrocettate a piè ficcato d'oro, mantenendo i due barbi addossati ed il giglio come differenziazione. Anche Valeran de Raineval, comte de Fauquembergh, a destra, era uno dei comandanti del terzo corpo. Insieme al fratellastro Jean ed al figlio di quest'ultimo Aubert, Valeran cadde in battaglia. I Raineval erano una grande famiglia tanto che i personaggi citati nei loro vari matrimoni avevano sposato donne delle famiglie Coucy, Montmorency, St. Pol e Harcourt, la crema della società cavalleresca francese. La particolarità del suo stemma è quella di essere uguale a quello del gran cavaliere guascone, e dunque di parte inglese, Jean de Grailly, captal de Buch, eroe della battaglia di Poitiers: d'oro alla croce di nero caricata da 5 conchiglie d'argento.

Tavola L: "NESTROQUE"

In altre parti di questo libro vengono affrontati tutti gli argomenti relativi agli arcieri inglesi ad Azincourt. L'immagine mette in evidenza quella che si ritiene essere la foggia dei caschi di cuoio di cui in primo piano uno immaginato con un'anima interna di vimini ed il secondo composto da due mezze calotte congiunte in mezzeria. La piastra di cuoio a protezione del polso sinistro è ben visibile e di sicuro effetto sono le ben note "brache calate" per ovviare all'altrettanto ben nota dissenteria. Nessun autore mette in dubbio che gli arcieri inglesi avessero indosso il contrassegno della croce rossa di San Giorgio. Un passo tratto dal libro di Sir Harris Nicolas: - "…Il venerabile Sir Thomas Erpingham, Cavaliere della Giarrettiera e soldato della più alta reputazione, ebbe l'ordine di piazzare gli arcieri sul fronte e di esortarli a combattere vigorosamente nel nome di Enrico…..fatto questo alzò il suo bastone in aria esclamando, *"Now strike!"*…", grido che il cronista Monstrelet riporta in un Inglese più arcaico: *"Nestroque"*. In secondo piano compare la *Foxtail*, insegna della famiglia Lancaster, costituita da una coda di volpe fissata ad un'asta dipinta con i colori blu e bianco della livrea di quella famiglia a segmenti alternati. Il suo portatore è lo scudiero Richard Woodwille il cui stemma è d'argento alla fascia ed al franco quartiere rossi.

Tavola M: GUGLIELMO, IL PRIMO SUI PALI
Si narra che Guillaume de Saveuse, seigneur d'Inchy sia stato uno dei primi cavalieri francesi a raggiungere le linee inglesi nel corso della carica delle ali di cavalleria e ad essere trucidato nel fango dopo essere stato disarcionato dal suo cavallo infilzato dai pali appuntiti messi a difesa dello schieramento dei *longbowmen*. Quella dei signori di Saveuse, una località presso Amiens, era una famiglia decisamente nelle grazie dei re Valois. Prima di morire ad Azincourt Guillaume aveva ricevuto l'incarico di badare all'incolumità di Carlo VI durante i suoi eccessi di follia. Relativamente allo stemma, si osservi la disposizione in orlo dei biglietti d'oro, cosa che non tutti gli stemmari riportano.

Tavola Q: INSEGNE FRANCESI
1 - Stendardo della casa ducale di Bourbon. 2 – Stemma del duca di Bourbon. 3 – Stendardo del conestabile. 4 – stemma del conestabile d'Albret. 5 – Bandiera con l'impresa del porcospino della casa d'Orléans. 6 – Stemma del duca d'Orléans. 7 – L'Orifiamma di San Dionigi. 8 – Stemma del porta Orifiamma Guillaume Martel.

QUARTA DI COPERTINA : SANGUE D'ALVERNIA
I due personaggi raffigurati, entrambi caduti in battaglia, sono membri di due antichissime famiglie alvernesi. Il seminato di gigli azzurri su fondo oro dello stemma di Guillaume d'Apchon, di fatto lo stemma reale di Francia a colori invertiti, legittima anche l'ipotesi della discendenza della famiglia da Ugo Capeto. Il bacinetto di Guillaume (VI per l'Aquilina, VII per un albero genealogico familiare), si integra in una piastra di *guardacollo* di una foggia spesso visibile nelle miniature francesi coeve mentre l'*azza da piede* che brandisce a due mani è un'arma da botta molto efficace per un combattimento a ranghi serrati. Il secondo personaggio raffigurato è Amedée d'Albon . Essendo ancora vivo il padre al tempo di Azincourt il suo stemma di nero alla croce d'oro è *cadenzato* da un lambello a tre pendenti presumibilmente d'argento (si intenda bianco). Il bacinetto visibile a terra dietro al personaggio mantiene il camaglio connesso per mezzo del coietto, mentre l'*usberghino* o in alternativa la cotta ad armare, indossata sotto il sorcotto araldico e provvista di sezioni di maglia di ferro piazzate nelle parti lasciate libere dalle piastre metalliche dell'armatura, comunque sia, termina a giro collo. Tornando al camaglio se ne noti la doppiatura interna in pelle funzionale, pare ovvio, ad un più confortevole utilizzo dell'apparato.

▲ **Gran bacinetto, Francia o Italia, 1410/30.** L'immagine mette in evidenza le forme anatomiche ed avvolgenti di questa protezione della testa. (Londra, British Museum). A sinistra **Bacinetto, Milano, 1400/1410.** I bacinetti dell'inizio del XV secolo sono caratterizzati dal fatto che la proiezione verso il basso della punta del coppo cade oltre la linea di girocollo. I fori di aerazione rettangolari lungo la costola del becco ricorrono in tre pezzi pervenutici. Due, di cui uno è in immagine, sono conservati alla Waffensammlung di Vienna ed uno al Museo, ex collezione Marzoli, di Brescia.

Large bascinet, France or Italy, 1410/30. (London, British Museum). On the left Bascinet, Milan, 1400/1410. The Bascinets of the beginning of the fifteenth century are characterized by the fact that the downward projection of the tip of the roof tile falls beyond the line of necklace. The rectangular air vents along the rib of the beak occur in three surviving pieces. The item are stored at a Waffensammlung of Vienna and the Museum, another at Marzoli collection, Brescia.

REPERTORIO ARALDICO FRANCESE

Presenza dei nominativi e dei relativi stemmi negli elenchi pubblicati nelle seguenti opere:

a) – C. Bozzolo, H. Loyau – *La Cour Amoureuse dite de Charles VI*, 2 voll..
b) – R. de Belleval - *Azincourt*.
c) – Monstrelet - Elenco delle "persone di distinzione" francesi, cadute o catturate ad Azincourt in: H. Nicolas – *The History of the Battle of Agincourt*, Ed. 1970, pagg. 283/85.

Note alle numerazioni. Esempio classificazione: 1/O25 (1 è il volume, O è la tavola, 25 è il numero progressivo)

Beaudouin d'AILLY, signore di Picquigny, *vidame* (visconte) d'Amiens. Consigliere e ciambellano del re. Morto in battaglia. Porta di rosso al capo scaccato d'argento e d'azzurro di 3 file. **(b,c,) (tav. 1/N1)**. **Rollequin**. Catturato. Succede al padre nei vari titoli. Porta Ailly al lambello d'oro. **(a)**

Amédée d'ALBON, signore di Baignols e di Châtillon d'Azergues. Morto in battaglia. Porta di nero alla croce d'oro, al lambello d'argento. **(b) (1/quarta di copertina)**

Charles d'ALBRET, conte di Dreux, visconte di Tartas. Conestabile di Francia nel 1402, deposto e poi reintegrato nella carica nel 1413. Comandante in capo nominale dell'esercito francese ad Azincourt. Ucciso durante il massacro dei prigionieri. Nel 1389 il re Carlo VI concede alla famiglia d'Albret l'inquartato di "Francia Moderna" per cui porta: inquartato, al 1° e al 4° d'azzurro a 3 gigli d'oro (Francia Moderna); al 2° e al 3° di rosso pieno (Albret). **(a,b,c) (tav. 1/E2)**

Jean I duca d'ALENÇON, detto *"le Sage"* (il Saggio), conte del Perche, visconte di Beaumont, signore de Verneuil, Fougères, Domfront et de La Guerche. Nato nel 1385. Figlio di Pierre II duca d'Alençon. Pari di Francia. E' uno dei comandanti del secondo corpo di battaglia. Morto in battaglia. Porta d'azzurro a 3 (2,1) giglio d'oro, alla bordura di rosso caricata di 8 piatti d'argento. **(b,c,) (tav. 2/H1)**

Hugues II d'AMBOISE, signore di Chaumont-sur-Loire e Saint-Vérain. Consigliere e ciambellano del re. Morto in battaglia. Porta palato d'oro e di rosso alla cotissa d'azzurro attraversante sul tutto. **(b) (tav. 1N/2)**

Guillaume VI d'APCHON. Morto in battaglia. Porta d'oro seminato di gigli azzurri. **(1/4a di cop.)**

Bernard VII conte d'ARMAGNAC, Fezensac, Rodez. Sopravvissuto. Porta inquartato: al 1° e al 4° d'argento al leone di rosso (Armagnac); al 2° e al 3° di rosso al leone guardante (leopardo illeonito) d'oro (Rodez). **(b) (tav. 1/N3)**

Charles d'ARTOIS, conte d'EU, signore di Saint-Valéry e Houdain. Luogotenente del re in Normandia e Guyenna. Catturato, resta prigioniero per 22 anni. Porta d'azzurro seminato di gigli d'oro al lambello di rosso, ciascun pendente caricato da 3 castelli d'oro. **(b) (tav. 1/E4)**

Jean IV (detto Hutin) signore d'AUMONT, Chars, Capes, Cléry e Méru. Figlio di Pierre II Porta Orifiamma del 1413. Partecipa alla carica di cavalleria all'ala sinistra. Morto in battaglia. Porta d'argento al capriolo di rosso accompagnato da 7 merletti del secondo, 4 in capo e 3 in punta. **(b,c) (1/copertina)**

David Sire d'AUXY. Morto in battaglia. Porta scaccato d'oro e di rosso. **(a,b,c) (tav. 1/N4)**. **Philippe**, signore di Dompierre, ecc., balivo d'Amiens nel 1414, morto in battaglia, porta: inquartato, al 1° e al 4° scaccato d'oro e di rosso (Auxy); al 2° e al 3° d'azzurro a 2 fasce d'argento (Marigny). **(b,c)**. **Jean**, fratello di Philippe porta le stesse armi. **(b)**. **Renaud**, porta scaccato d'oro e di rosso **(b)**; entrambi morti in battaglia.

Guillaume d'AZINCOURT. Catturato dal conte di March. Porta d'argento all'aquila bicipite d'oro, beccata e membrata d'azzurro. **(b,c)) (tav. 1/N5)**. Stesse armi portate dallo scudiero **Isambar**, uno dei partecipanti al saccheggio del bagaglio inglese a causa del quale Enrico V ordina il massacro dei prigionieri francesi. **Renaud**, signore d'Aubigny-en-Sancerre et Fontenoy, *echanson* (assaggiatore) e ciambellano reale,

balivo di Gisors. Morto in battaglia. Porta le stelle armi differenziate da una crocetta patente d'oro sul petto dell'aquila. **(a,b,c)** **(tav. 2/I2)**
Waleran. Morto in battaglia. Porta le stesse armi differenziate da un lambello d'azzurro **(b,c)**

Edouard III duca di BAR, signore de Cassel, marchese di Pont-a-Musson. Terzo figlio di Robert I duca di Bar. E' uno dei comandanti del secondo corpo di battaglia. Porta d'azzurro seminato di croci ricrocettate a piè ficcato d'oro, a 2 barbi addossati del secondo, alla bordura spinata di rosso. **(a,b,c)** **(tav. 1/G3)**. Stesse armi portate da suo fratello **Jean de BAR**, Sire di Puissaye, Alluye, Breu e Montmirail. **(b,c)**. **Robert de BAR**, **conte di MARLE** e Soissons, visconte di Meaux, signore d'Oisy, Dunkerque, Warneton, Bourbourg, Bournehem, Roodes et Graveline . *Grand Bouteiller* di Francia. Nipote di Edouard III e di Jean, fratelli di suo padre Henri de Bar morto a Nicopoli nel 1396. E' uno dei tre comandanti del terzo corpo di battaglia. Porta d'azzurro seminato di croci ricrocettate a piè ficcato d'oro, a 2 barbi addossati del secondo, un giglio d'oro fra le teste dei barbi per differenziazione. **(b,c)** **(tav. 1/K1)**. Tutti morti in battaglia.

Jean signore di BAUFFREMONT, signore di Jonvelle, Charny, Vauvry, Margilley, Montfort-Savoisy. Morto in battaglia. Porta vaiato d'oro e di rosso al lambello d'argento. **(b,c)** **(tav. 1/N6)**

Beaudouin de BELLEVAL, Cavaliere, ciambellano del duca di Borgogna. Morto in battaglia. Porta scaglionato di 6 pezzi di nero e d'oro. **(b)** **(tav. 1/N7)**. Lo scudiero **Rogues** sopravvive. Stesse armi. **(b)**

Jean II de BÈTHUNES, signore d'Autreches, Assigny, Anisy, Baye e Mareuil-en-Brie. Morto in battaglia. Porta inquartato, al 1° e al 4° d'argento alla fascia di rosso (Béthunes); al 2° e al 3° fasciato di vaio e di rosso **(b,c)** **(tav. 1/N8)**. **Colart** porta Béthunes differenziato da uno scudetto in capo a destra di rosso alla banda d'oro accompagnata da 6 (3,3) biglietti del secondo (Saveuse). Entrambi morti in battaglia. **(b)**

Henri III conte di BLAMONT (della casata di Salm). Porta di rosso a 2 salmoni addossati d'argento. Stesse armi portate dal figlio **Ulrich**. Entrambi morti in battaglia. **(b,c)** **(tav. 1/N9)**

Jean I duca di BOURBON, conte de Clermont, Montpensier, signore di Beaujolais, Dombes e del paese di Combrailles. Figlio di Louis II duca di Bourbon. Pari e *grand chambrier* di Francia. Comandante in capo dell'esercito di Guyenna nel 1414. Uno dei comandanti del primo corpo di battaglia. Catturato e morto in cattività nel 1433. Porta d'azzurro a 3 (2,1) gigli d'oro, alla banda di rosso. **(a,b)** **(tav. 1/D3)**

Louis de BOURBON, conte di Vendôme e Chartres, signore di Mondoubleau, Épernon, Préaux et Romalart. Secondo figlio di Jean de Bourbon conte di La Marche. Comanda l'ala destra di cavalleria. Catturato, evade nel 1422 dalla prigionia a causa dell'incapacità di raccogliere la totalità dei 100.000 scudi del riscatto. Porta inquartato, al 1° e al 4° d'azzurro seminato di gigli d'oro, alla banda di rosso caricata da 3 leoncelli d'argento attraversante sul tutto; al 2° e al 3° d'argento al capo di rosso, al leone azzurro linguato e coronato d'oro sul tutto. **(a,b)** **(tav. 2/**

Louis de BOURBON signore di PRÉAUX, Cavaliere. E' uno dei comandanti dell'ala sinistra di cavalleria. Morto in battaglia. Porta d'azzurro a 3 (2,1) gigli d'oro, alla banda e alla bordura di rosso. **(b,c) (1/copertina)**

Antoine de BOURGOGNE, duca di BRABANTE, Lothier, Luxembourg, Limbourg, conte di Rethel, marchese del Sacro Impero, margravio d'Anversa. Pari di Francia. Quarto figlio di Filippo "l'Ardito", duca di Borgogna. Interviene a battaglia in corso e viene ucciso. Porta inquartato al 1° e al 4° d'azzurro seminato di gigli, alla bordura composta d'argento e di rosso ; al 2° di nero al leone d'oro armato e linguato di rosso (Brabante); al 3° d'argento al leone a coda biforcuta di rosso, coronato, linguato e armato d'oro (Lussemburgo-Saint-Pol). **(a,b,c)** **(tav. 1/N10)**

Philippe de BOURGOGNE, conte di Nevers e di Rethel, barone di Donzy, gran camerlengo di Francia. Quinto figlio di Filippo "l'Ardito", duca di Borgogna. E' uno dei comandanti del secondo corpo di battaglia. Morto in battaglia. Porta inquartato, al 1° e al 4° d'azzurro seminato di gigli d'oro, alla bordura composta d'argento e di rosso; al 2° e al 3° bandato d'oro e d'azzurro di 6 pezzi, alla bordura di rosso. (alias: d'azzurro seminato di gigli d'oro, alla bordura di rosso). **(b,c)** **(tav. 1/I)**

Aléaume de BOURNONVILLE, Cavaliere, signore di Conteville, visconte di Lianes. Porta di nero al leone con la coda biforcuta passata in croce di S Andrea d'argento armato, linguato e coronato d'oro. **(b)**. **Enguerrand detto Ganiot (Gamot)**, signore di Châteaubriçon, Mourier-en-Artois e Fretemeule. Scudiero e ciambellano del duca di Borgogna. Stesse armi di Aléaume (cugino) con nella branca destra del leone una rosa rossa per differenziazione. **(b,c)** **(tav. 2/G3)**. Entrambi morti in battaglia. **Robert** detto "le Roux" porta le armi di Aléaume alla bordura d'oro. **(b)** **(tav. 1/N11)**. Sopravvissuto.

Athis de BRIMEU, cavaliere, ciambellano del duca di Borgogna. Catturato. Porta d'argento a 3 (2,1) aquile di rosso, beccate, membrate d'azzurro. **(b,c)** **(tav. 1/N12)**

Roland de BRUGES, signore de la Gruuthuse. Morto in battaglia. Porta inquartato, al 1° e al 4° d'oro alla croce di nero; al 2° e al 3° di rosso alla croce di S. Andrea d'argento. **(tav. 1/H2)**

Jean IV signore di BUEIL (BEUIL), Montresor, Castel-Fromont, Saint-Calais e Courcelles. Consigliere e ciambellano del re e del duca di Anjou. Morto in battaglia. Porta inquartato: al 1° e al 4° d'azzurro al crescente montante d'argento accompagnato da 6 croci ricrocettate a pié ficcato d'oro (Bueil), al 2° e al 3° di rosso alla croce ancorata d'oro (d'Avoir). **(b,c)** **(2/quarta di copertina)**

Hector de CHARTRES detto "il Giovane", signore d'Ons-en-Bray, Alomme e Caudeville. Morto in battaglia. Porta inquartato, al 1° e al 4° d'argento a 2 fasce di rosso (Chartres); al 2° e al 3° di rosso seminato di trifogli d'oro a 2 barbi addossati del secondo sul tutto (Clermont-Nesle). **(b,c)** **(tav. 1/N13)**. Suo fratello minore **Jean** porta Chartres; morto. **(b,c)**

Tanneguy du CHASTEL, Cavaliere bretone, consigliere del re, Prevosto di Parigi nel 1413; nel 1410 comanda le truppe di Luigi d'Angiò, re di Sicilia. Sopravvissuto. Porta fasciato d'oro e di rosso, un anelletto d'oro nella prima fascia di rosso per differenza. **(tav. 1/N14)**

Guyon de CHATEAUBRIAND, Cavaliere, signore di Roches-Baritaut. Morto in battaglia. Porta di rosso seminato di gigli d'oro. Motto: *"Mon sang teint les bannieres de France"*. Armi antiche: di rosso seminato di pigne d'oro. **(Greenhill)** **(tav. 1/N15)**

Jacques I de CHÂTILLON, signore di Dampierre, Sompuis e Rollaincourt. Consigliere e ciambellano del re. Morto in battaglia. Porta di rosso a 3 pali di vaio al capo d'oro caricati da 2 leoni rampanti affrontati di nero. **(a,b,c)**. Variante: leoni passanti affrontati. **(tav. 1/N16)**. Variante in **(b)** inquartato al 1° e al 4° di rosso a 3 pali di

▲ **San Giorgio, statuetta lignea dorata e dipinta, opera di Jacques de Baerze, c. 1391.** L'accentuazione massima dello stile a vita di vespa è tipica dell'aspetto dei cavalieri della Francia nord orientale degli anni a cavallo fra il Tre e il Quattrocento. Altrettanto tipica è l'ampia manica terminante nel polsino del guanto di piastra. Si notino la resta che fuoriesce dall' apposita fessura praticata nel tessile, l'abbottonatura centrale che diviene allacciatura in corrispondenza dell'addome, le stringhe a bloccare il camaglio e l'imponente cintura gioiello. (Dijon, Musée de Beaux-Arts)

Saint George, painted and gilded wooden statue, work of Jacques de Baerze, c. 1391.

vaio, al capo d'oro (Chatillon); al 2° e al 3° di rosso a 2 leopardi passanti l'uno sull'altro d'oro, linguati e armati d'azzurro (Dampierre). **Charles**, Cavaliere, signore di Survillier, Marigny e Saint. Morto in battaglia. Porta come variante a destra nel capo un merletto di nero. **(b, Greenhill)**.
Robert de CHÂTILLON, signore di Douy, Souain e Brie-sur-Marne. Morto in battaglia. Porta come variante nel capo 3 conchiglie di nero **(b)**. In **(a)** variante in capo a destra: scudetto d'azzurro bigliettato d'oro al leone del secondo (Brienne). Morto in battaglia. **(tav. 2/H2)**. **Hugues** differenzia con in capo un giglio nodrito di nero. Morto in battaglia. **(b, Greenhill)**

Jean de COÊTQUEN. Bretone, nel contingente del conte di Richemont. Morto in battaglia. Porta bandato d'argento e di rosso. **(b) (tav. 1/N17)**

Jean de CRAON, visconte di Chateaudun, signore di Montbazon, Moncontour e Sainte-Maure. *Grand échanson* di Francia nel 1413, balivo di Touraine, Anjou, Poitou e Maine. Morto in battaglia. Porta inquartato: al 1° e al 4° losangato d'oro e di rosso (Craon); al 2° e al 3° d'oro al leone nero armato e linguato di rosso (FLandre). **(a,b,c) (tav. 1/H1)**. Suo figlio **Amaury**, signore di Briolay porta Craon al lambello d'azzurro **(b,c)**. **Simon** (morto) e **Jean "il Giovane"** (catturato), entrambi cugini di Jean portano Craon **(b) (tav. 1/N18)**, mentre **Antoine**, signore di Beauverger e ciambellano del re di Francia e del duca di Borgogna porta Craon differenziato da una campanella d'argento nella prima losanga di rosso. **(a,b,c)**

Raoul signore di CRÉQUY, detto *"l'Etendard"*. Morto in battaglia al pari di **Jean, Regnault** e **Philippe**. Tutti Portano d'oro al *créquier* (spino piccardo) di rosso. **(b,c,) (tav. 1/N19)**

Guillaume signore di CRÈVECOEUR e di Nesle. Morto in battaglia. Porta di rosso a 3 caprioli d'oro. **(b) (tav. 1/N20)**

Jean I signore di CROY, Renty, Seneghem, Araines. Consigliere e ciambellano del re, *grand bouteiller* di Francia. Morto in battaglia. Porta inquartato: al 1° e 4° d'argento a 3 fasce di rosso (Croy); al 2° e al 3° d'argento a 3 (2,1) asce di rosso, le due in capo addossate (Renty). **(a,b,c) (tav. 2/G4)**. Suo figlio **Archambaud** porta lo stemma del padre al lambello d'azzurro. Morto in battaglia. **(b)**. L'altro figlio **Jean II**, caduto, porta lo stemma del padre. **(b,c)**

◄► **Battaglie di fanti e cavalieri, miniature, Francia, 1415.** La grande varietà di armi, armature, vesti ed elmi è rappresentativa di quanto fosse dato vedere in tema di aspetto degli armati sui campi di battaglia dell'epoca di Azincourt. La rappresentazione delle protezioni degli arti è eseguita con grande precisione di dettagli. Interessanti le falde di lame metalliche variamente composte lasciate a vista. (Londra, British Library, MS Cotton Nero E II)

Battles of infantry and cavalry, miniatures, France, 1415. The great variety of weapons, armor, helmets and clothing is representative of what was given to see in terms of appearance of armed men on the battlefields of the time of Agincourt. The representation of the protections of the limbs is performed with great precision of detail. Interesting layers of metal blades variously composed left visible. (London, British Library, MS Cotton Nero E II)

Guichard II DAUPHIN, signore di Jaligny-sur-Besbre, La Ferté-Chauderon e Trétaux. Governatore del Delfinato nel 1414. Gran maestro della famiglia reale. Comanda i Francesi che bloccano il passaggio a Blanque-Taque. Combatte nel primo corpo di battaglia e viene ucciso. Porta inquartato: al 1° e 4° d'oro al delfino d'azzurro (Dauphin d'Auvergne); al 2° e al 3° d'azzurro alla banda d'argento accostata da 2 cotisse potente contro potente d'oro (Champagne Sancerre), al lambello di rosso su tutto. **(a,b,c)** **(tav. 1/O21)**
Bérard I e **Robert DAUPHIN** (padre e figlio entrambi morti in battaglia) portano d'oro al delfino d'azzurro, alla cotissa di rosso attraversante sul tutto. **(a,b)**

Jean de DREUX, signore di Houlbec. Morto in battaglia. Porta scaccato di 5 file d'oro e d'azzurro, il primo pezzo d'azzurro caricato da un giglio d'oro, alla bordura di rosso (alias: banda di rosso come brisura al posto del giglio). **(a,b,c)** **(tav. 1/O22)**. Il suo fratello minore **Gauvin** porta le stesse armi senza la brisura (giglio o banda). Morto in battaglia. **(b,c)**. In **(a)** differenzia con un leoncello passante d'argento in capo sulla bordura.

Nicolas d'ESTOUTEVILLE detto Colart, signore di Torcy, Estoutemont, Beyne e Blainville. Capitano di Cherbourg nel 1415. Morto in battaglia. Porta inquartato: al 1° e al 4° burellato d'argento e di rosso di 10 pezzi, al leone nero, coronato, linguato e armato d'oro su tutto (Estouteville); al 2° e al 3° d'azzurro, alla croce d'argento accantonata da 20 crocette ricrocettate a piè ficcato d'oro (Mauquency-Blainville). **(tav. 1/O23)**. Suo figlio **Charles**, signore di Blainville porta le armi di suo padre differenziate da un lambello di rosso su tutto e muore in battaglia. **(b,c)**
Altri membri della famiglia seguono la stessa sorte: **Colart IV**, signore d'Auzebosc che porta Estouteville e **Jean**, signore di Rames che porta inquartato: al 1° e al 4° Estouteville; al 2° e al 3° di rosso a 2 fasce d'oro (Harcourt).

Jean de FAYEL, cavaliere, visconte di Breteuil, castellano di Chantilly. Catturato. Porta d'argento alla croce di S. Andrea di rosso accostata da 4 merletti del secondo. **(Greenhill)** **(tav. 1/O24)**

Enguerran de FONTAINES. Orleanista. Ad Azincourt comanda l'avanguardia del corpo di d'Albret. Porta d'oro a 3 (2,1) scudetti di vaio di 4 file. **(b,c)** **(tav. 1/O25)**. **Charles I** porta le armi di Enguerran alla bordura di rosso **(b,c)**; **Jean II** porta le armi di Charles I ulteriormente differenziate da un lambello di rosso **(a)**. Tutti morti in battaglia.

Christophe, Colart e **Philippe de FOSSEAUX**. Morti in battaglia. Portano di rosso a 3 gemelle d'argento. **(a,b,c)** **(tav. 1/O26)**. Un altro **Philippe (b)**, scudiero sopravvissuto porta le stesse armi. **Jean**, Cavaliere. Catturato ma liberato quasi subito perché di partito borgognone. Stesse armi. **(a,b)**

Guillaume II signore di GAMACHES. Catturato. Porta d'argento al capo d'azzurro. **(a,b)** **(tav. 1/O27)**. **Robert** signore di Chauvincourt, caduto, porta le stesse armi. **(b)**

Guillaume de GAUCOURT. Morto in battaglia. Porta d'ermellino a 2 barbi addossati di rosso. **(Rietztap) (tav. 1/O28).** **Eustache** detto Tassin, anch'egli morto in battaglia, porta Gaucourt con in capo una torre d'oro mattonata di nero.

Louis de GHISTELLES. Membro di una grande famiglia fiamminga. Muore in battaglia. Porta di rosso al capriolo d'ermellino. **(a,b,c) (tav. 1/O29)**

Edouard II conte di GRANDPRE'. Morto in battaglia. Porta burellato d'oro e di rosso di 10 pezzi. **(b,c) (tav. 1/O30).** Stesso stemma portato dal suo fratello minore **Ferry**, signore di Verpel, Vons e Quatrechamps, sopravvissuto. **(b)**

Jean V signore di HANGEST e di Davenescourt. Gran maestro dei balestrieri nel 1407. Morto in battaglia. Porta d'argento alla croce di rosso caricata da 5 conchiglie d'oro. **(a,b) (tav. 1/O31)**

Jean VII conte d'HARCOURT e d'AUMALE, visconte di Châtellerault, Sire d'Elbeuf, la Saussaye, Lillebonne, Arschot e Mézières. Catturato. Porta di rosso a 2 fasce d'oro. **(b)** . Suo figlio **Jean VIII**, sopravvissuto, porta le stesse armi differenziate da un lambello d'azzurro. **(b) (tav. 1/O32).**
Jacques II d'HARCOURT, barone di Montgomerry, signore di Noyelles-sur-Mer e di Wally. Catturato. Porta inquartato: al 1° e al 4° di rosso a 2 fasce d'oro (Harcourt); al 2° e al 3° d'oro a 3 bande d'azzurro (Ponthieu antico). **(b) (tav. 2/L1)**
Robert VI d'HARCOURT, barone di Beaumesnil e di Marbeuf. Morto in battaglia. Porta di rosso a 2 fasce d'ermellino. **(b,c)**
Guerard d'HARCOURT, barone di Bonneville, Beaufou, Beuvron e Archot. Morto in battaglia. Porta di rosso a 2 fasce d'oro, al lambello d'argento. **(b, Greenhill)**

Pierre de HAVERSKERCKE, signore di Rasse e di Ere, castellano d'Orchies e di Bailleul. Ciambellano del duca d'Orlèans. Morto in battaglia. Porta d'oro alla fascia di rosso, alla rotella di sperone nera in capo a destra. **(a) (tav. 1/O33)**

Jacques Sire di HEILLY, detto "il Maresciallo di Guienna". Catturato, viene giustiziato per un precedente atto di fellonia. Porta di rosso a 6-8 fusi (losanghe) accollati in banda d'oro. **(a,b,c) (tav. 1/D1)**

Guillaume VII conte di HORNES e ALTENA. "Gran cacciatore" ereditario dell'Impero. Morto in battaglia. Porta d'oro a 3 (2,1) corni da caccia di rosso, legati d'argento. **(b) (tav. 1/O34)**

Dreux signore di HUMIÈRES, di Bouzincourt, Vaux-les-Boulencourt e Humereuil. Borgognone. Catturato. Porta d'argento cancellato di nero. **(a) (tav. 1/O35)**. **Philippe**, catturato, **Mathieu e Jean**, uccisi (fratelli) portano tutti le stesse armi. **(a,b,c)**

Guillaume barone d'IVRY e di Bréval, signore d'Oissery e Saint-Phatus. Morto in battaglia. Porta d'oro a 3 caprioli di rosso. **(a,b,c) (tav. 1/O36)**. I suoi figli **Jean e Charles**, entrambi morti in battaglia, portano: Jean lo stemma del padre; Charles differenzia con un lambello d'argento. **(a,b,c)**

▶ **Lastra terragna di Marino Cossa, + 1417.** Si tratta della prima rappresentazione plastica di un'armatura bianca lombarda nella quale si distinguono un'embrionale bassa panziera ad articolare la protezione del ventre ed un primo esperimento di asimmetria nella protezione delle spalle e della parte alta delle braccia. Non si può escludere che qualche uomo d'arme di parte francese portasse un'armatura di questo tipo sul campo di Azincourt. (Parigi, Musée du Louvre, fotografia dell'autore)

Earthy Sheet of Marino Cossa, + 1417. This is the first plastic representation of Lombard white armor in which we distinguish embryonic low Panziera to articulate the protection of the abdomen and a first test of asymmetry in the protection of the shoulders and upper arms. It is possible that some of the French men-at-arms wore armor of this type in the field of Agincourt. (Paris, Musée du Louvre, photograph of the author)

◀ **Monumento funerario di Louis II de Sancerre, conestabile di Francia, + 1404.** Il personaggio raffigurato porta la pettinatura a scodella. Molto ben rappresentato è il particolare della protezione lobata del collo per impedire l'attrito della maglia di ferro. Magnifica la pezza araldica detta potente contro potente dello stemma della famiglia Sancerre. (Saint-Denis, Abbazia, fotografia dell'autore)

Gravestone of Louis II de Sancerre, constable of France, + 1404. The depicted character carrying the bowl hairdo. It is particularly well represented, the protection lobed neck to prevent the friction of the chain mail. It boasts a magnificent piece that is powerful against powerful heraldic coat of arms of Sancerre. (Saint-Denis, Abbey, photograph of the author)

Simon III de LALAING, signore di Quiévrain. Morto in battaglia. Porta inquartato: al 1° e al 4° d'oro al capo bandato di 6 pezzi d'argento e di rosso (Quiévrain); al 2° e al 3° di rosso a 10 losanghe accollate (3,3,3,1) (Lalaing). **(a) (tav. 1/O37)**

Hugues de LANNOY, Cavaliere, signore di Santes. Consigliere e ciambellano del re e del duca di Borgogna. Futuro Cavaliere del Toson d'Oro. Catturato. Porta d'argento a 3 (2,1) leoncelli di verde coronati e armati d'oro, linguati di rosso, alla bordura spinata di rosso. **(b) (tav. 1/O38)**. Un **Jean**, ucciso, citato da **(b)** senza bordura.

Guilbert de LANNOY. Consigliere e ciambellano del duca di Borgogna; assaggiatore del duca di Berry. Futuro Cavaliere del Toson d'Oro. Fratello di Hugues. Catturato e riscattato l'anno successivo. Porta le armi del fratello differenziate da un lambello d'azzurro (sovrammontato dalla bordura). **(b)**. In **(a)** differenzia con uno scudetto burellato di 10 file d'argento e d'azzurro (Molembais). Il cronista Saint-Rémy, che faceva parte dell'esercito inglese, deve a lui la narrazione degli avvenimenti di parte francese prime e durante la battaglia.

Pierre de LANNOY detto Lamont. Morto in battaglia. Porta scaccato d'oro e d'azzurro di 4 file. **(b,c) (tav. 2/F1)**

Charles signore de LA RIVIÈRE, conte di DAMMARTIN. Signore di Auneau, Rochefort, Césy e Mondoubleau. Consigliere e ciambellano del re, gran maestro delle acque e delle foreste di Francia. Si tratta con tutta probabilità di uno dei comandanti del terzo corpo di battaglia. Sopravvissuto. Porta di nero alla banda d'argento. Per *La Cour Amoreuse de Charles VI* inquarta quanto detto con al 2° e al 3° fasciato d'argento e d'azzurro alla bordura di rosso (Dammartin). **(a,b) (tav. 1/O39)**

Bureau de LA RIVIÈRE, signore di Perchin e di Champlemy. Consigliere e ciambellano del re e primo ciambellano di Filippo di Borgogna, conte di Nevers. Padre di Charles. Morto in battaglia. Porta di nero alla banda d'argento. **(b) (tav. 1/O40)**

Jean II LE MEINGRE detto Boucicaut. Conte di Beaufort e Alais, visconte di Turenne, signore d'Anduze. Maresciallo di Francia. Ad Azincourt è uno dei comandanti del primo corpo di battaglia. Catturato, muore in prigionia nel 1421. Porta d'argento all'aquila bicefala di rosso, beccata e membrata di rosso. **(a,b,c) (tav. 1/G1)**. Una miniatura di un libro di Ore lo rappresenta vestito di una cotta d'arme partita per palo con le armi della moglie e dunque al 1° d'azzurro seminato di piatti d'argento, al capo d'oro; al 2° d'argento alla mezz'aquila bicefala di rosso, beccata e membrata d'azzurro nascente dalla partizione.
Suo figlio **Jean** cade ad Azincourt mentre combatte nelle schiere del padre portandone le armi differenziate da un lambello azzurro. Diversamente dal secondo figlio **Geoffroy**, signore di Breuildoré, Estableau, Luc e Roquebrune che sopravvive portando le stesse armi del padre. **(b)**

Christophe de LENS. Morto in battaglia. Porta inquartato d'oro e di nero. **(c, Greenhill) (tav. 2/F2)**

Jean LE VENEUR. Cavaliere, Sire di Homme e di Saint-Elier. Orleanista, gravita nell'ambiente del conte d'Alençon (Belleval). Morto in battaglia. Porta d'argento alla banda d'azzurro cancellata d'oro. **(b) (tav. 2/H3)**

Jacques signore di LONGROY, Saint-Victor-en-Caux, Soreng, Basinval, Epinoy, Gousseauville, Bos-Ricard, Hellencourt, Questre, Le Wastine, Prousel, Ronquerro e Quierreu. Consigliere e ciambellano del duca di Borgogna. Capitano generale della Fiandra occidentale. Cavaliere banderese e tenente capitano generale in Piccardia. Ad Azincourt conduce le truppe della regione di Boulogne. Morto in battaglia. Porta di rosso al capo d'argento (o d'oro). **(a,b,c) (tav. 1/P41)**

Raoul de LONGEUIL (Longueil). Morto in battaglia. Porta d'azzurro a 3 (2,1) rose d'oro, al capo del secondo caricato da 3 rose di rosso, al lambello azzurro. **(b,c)**. Il padre **Guillaume** signore di **Longeuil**, visconte d'Auge. Governatore di Caen e Dieppe muore anch'egli in battaglia portando "Longeuil" senza lambello. **(b) (tav. 1/P42)**

Ferry de LORRAINE, conte di VAUDEMONT. Signore di Romigny, Boves e Florennes. Secondo figlio di Jean II duca di Lorena. Morto in battaglia. Porta d'oro alla banda di rosso caricata da 3 alerioni d'argento, al lambello d'azzurro. **(b,c) (tav. 1/P43)**. Senza lambello in **(b)**.

Colart signore di MAILLY. Cavaliere, signore di Bouillencourt, Plouy e Beaufort-en-Santerre. Morto in battaglia. Porta d'oro ai 3 (2,1) martelli (magli) di verde. **(a,b,c) (tav. 1/P44)**. **Jean**, signore di Authieuille e di Wavrans, morto portando d'argento a 3 (2,1) magli di nero, mentre il Cavaliere **Ferry**, signore di Talmas, Buire-au-Bois, Saint-Ouen e Conty, sopravvive portando d'oro ai 3 (2,1) magli di rosso. **(b)**

Jean de MALESTROIT, signore di Combourg. E' uno dei comandanti dell'ala destra di cavalleria. Morto in battaglia. Porta inquartato: al 1° e al 4° di rosso a 9 (3,3,3) bisanti d'oro (Malestroit), al 2° e al 3° contro inquartato d'argento e di rosso (Combourg). **(b,c) (tav. 2/D)**. **Jean**, ciambellano del duca di Bretagna, capitano di Quimper, muore combattendo sotto la bandiera di Artus de Richemont insieme a **Geoffroy** che ne segue la sorte, portando entrambi le armi bisantate di Malestroit. **(b)**

Guillaume MARTEL. Cavaliere, signore di Bacqueville e Saint-Vigor. Porta Orifiamma. Consigliere e ciambellano del re. Morto in battaglia. Porta d'oro a 3 (2,1) martelli di rosso (parzialmente condivisa la bordura composta d'argento e d'azzurro). **(a,b,c) (tav. 2/K3)**. Suo figlio **Jean** cade portando le armi del padre differenziate da un lambello d'azzurro. **(a,b,c)**

Guillaume IV visconte di MELUN. Conte di Tancarville, signore di Montreuil, Bellay e Warenguabec. Primo ciambellano del re, conestabile e ciambellano ereditario di Normandia, capitano di Cherbourg. Morto in battaglia. Porta inquartato: al 1° e al 4° d'azzurro a 7 (3,3,1) bisanti d'oro, al capo del secondo (Melun); al 2° e al 3° di rosso allo scudetto d'argento in cuore accompagnato da un orlo di fiorellini d'oro (Tancarville). **(a,b) (tav. 1/P45)**

Louis de MONTMORENCY, detto di Beaussault. Morto in battaglia. Porta d'oro alla croce di rosso), accostata da 16 alerioni d'azzurro, la croce caricata in cuore da uno scudetto di rosso a 2 fasce d'oro (Harcourt). **(b) (tav. 1/P46)**

Guy III de NESLE. Cavaliere, signore d'Offemont e di Mello. Consigliere e ciambellano del re e del duca di Guienna. Gran maestro della casa della regina. Guardiano del castello di Coucy. Morto in battaglia. Porta di rosso seminato di trifogli d'oro a due barbi addossati del secondo. **(a,b) (tav. 1/P47)**. Il figlio **Raoulquin** ed il nipote **Raoul**, morti entrambi, portano le stesse armi. **(b,c)**

Charles duca d'ORLÉANS e di Milano. Conte di Valois, Beaumont-sur-Oise, Blois e Asti, Sire di Coucy, pari di Francia. Catturato, rientra in Francia soltanto nel 1440. Porta inquartato: al 1° e al 4° d'azzurro a 3 (2,1) gigli d'oro, al lambello d'argento (Orléans); al 2° e al 3° d'argento alla vipera d'azzurro ingollante un fanciullo di rosso (alias di carnagione) (Milano). **(b) (tav. 2/I1)**

Bertrand PAYNEL. Cavaliere, serve sotto il duca d'Alençon. Sopravvissuto. Porta d'oro a 2 fasce d'azzurro accompagnate da un orlo di 9 merletti di rosso. **(b,c) (tav. 1/P48)**

Rogues de POIX, signore d'Ignaucourt. Ciambellano del duca di Borgogna. Morto in battaglia. Porta inquartato: al 1° e al 4° di rosso alla banda d'argento accompagnata da 6 croci ricrocettate a piè ficcato d'oro (alias arg.)(Poix); al 2° e al 3° d'azzurro cancellato d'oro (Séchelles). **(b,c) (2/4a di copertina)**

Guy QUIÈRET, detto Boort. Cavaliere, signore di Heuchin, Tours-en-Vimeu e Pontrohart. catturato. Porta inquartato: al 1° e al 4° d'ermellino (alias d'argento) a 3 (2,1) gigli nodriti di rosso (Quiéret); al 2° e al 3° d'argento bigliettato di nero al leone del secondo (Heuchin). **(b) (tav. 1/P49)**. Lo scudiero **Jean**, sopravvissuto, serve sotto il conestabile d'Albret. Porta Quiéret. **(b)**

Jean RAGUENEL, visconte di La Bellière, signore di Chastel-Ogier, Gramoul e Beaumont. Cavaliere, ciambellano del duca di Bretagna. Ad Azincourt è uno dei comandanti dell'ala destra di cavalleria. Morto in battaglia. Porta inquartato: al 1° e al 4° contro inquartato d'argento e di nero al lambello partito dell'uno nell'altro (Raguenel); al 2° e al 3° d'oro al capo dentato di nero (La Bellière). **(Rietztap) (tav. 1/P50)**

▶ **Restituzione grafica del monumento funerario del cavaliere francese Adam d'Escrosnes datato 1409.** Se il disegno interpreta correttamente il manufatto originale, la coscia ed il ginocchio sono ricoperti da una guaina (pelle, tessile, cuoio?), soluzione presente anche sul monumento di Kunz Haberkorn situato nella cattedrale di Magonza, datato 1421.

Graphic reconstruction of the funerary monument of the French knight of Adam Escrosnes dated 1409.

▶ **Sopravveste francese del tipo detto tabarro.** L'osservazione dell'iconografia coeva testimonia che all'epoca della battaglia di Azincourt questo tipo di tessile posto al di sopra dell'armatura coesiste, pur prevalendo, con altre fogge in ambiente francese. (da una miniatura francese del 1420 circa)

French surcoat of the type known "tabarro". (from a French miniature of about 1420)

Valeran de RAINEVAL, conte di Fauquemberg (Fauquembergues), signore di Fouilloy e Fluy. E' uno dei comandanti del terzo corpo di battaglia. Morto in battaglia. Porta d'oro alla croce di nero caricata da 5 conchiglie d'argento. **(b,c) (tav. 1/K2)**. I fratellastri **Jean** signore di Méracourt, Coudun e Dronay e **Aubert**, signore di Béthencourt, cadono anch'essi in battaglia. Il primo porta le stesse armi di Valeran, mentre il secondo porta inquartato: al 1° e al 4° d'oro alla croce di nero caricata da 5 conchiglie d'argento (Raineval); al 2° e al 3° fasciato di vaio e di rosso (Coucy). **(b)**

David de RAMBURES, Cavaliere, consigliere e ciambellano del re. Gran maestro dei balestrieri nel 1412 e ciambellano del duca di Guyenne viene esautorato perché troppo fedele al duca di Borgogna. Morto in battaglia. Porta inquartato: al 1° e al 4° d'oro a 3 fasce di rosso (Rambures); al 2° e al 3° di rosso alla banda di vaio (Bours). **(a,b,c) (tav. 1/P51)**. I figli **Jean, Hugues** e **Philippe**, cadono tutti in battaglia portando le armi di Rambures. **(b)**

Artus III de RICHEMONT, conte di Dreux, Ètampes e Montfort, signore di Parthenay, se dicente duca di Bretagna e di Turenna. Catturato, viene liberato nel 1420 per diventare poi pari e conestabile di Francia. Porta d'ermellino al lambello di rosso, ciascun pendente caricato di 3 leopardi d'oro. **(b) (tav. 1/G2)**. Senza lambello in **(b)**.

Jean I de ROCHECHOUART, signore de Mortemart, Vivonne, Saint-Germain, Cercigné e Vouillé. Catturato. Porta fasciato ondato (nuvolato) di 6 pezzi d'argento e di rosso. **(b, Greenhill) (tav. 1/P52)**

Guy VI de la ROCHE-GUYON, Cavaliere, signore di Roncheville. Consigliere e ciambellano del re e del delfino. Capitano di Harfleur nel 1407. Morto in battaglia. Porta bandato d'oro e d'azzurro alla bordura di rosso. **(a,b,c) (tav. 1/P53)**. Suo fratello **Philippe** muore in battaglia portando le stesse armi del fratello. **(b)**

Alain VIII de ROHAN, Sire di Léon, signore di Noyon-sur-Andelle, di Pont saint-Pierre. Sopravvissuto. Porta di rosso a 9 (3,3,3) losanghe vuote d'oro. **(Heat) (tav. 1/P54)**. **Edouard**, catturato, porta le stesse armi. **(Heat, b)**

Jean VI conte di ROUCY e di BRAINE. Morto in battaglia. Porta d'oro al leone d'azzurro. **(a,b,c) (tav. 1/P55)**

Mathieu de ROUVROY, detto "Le Borgne", cavaliere, signore di Saint-Simon, Pontavenue, Flavy-le Martel, Estouilly, Coudun, Plessier Saint-Just e Coivrel, e i suoi fratelli **Guillaume** detto "Le Galois", Cavaliere e **Jean**, Cavaliere banderese, muoiono tutti in battaglia. Portano di nero alla croce d'argento caricata da 5 conchiglie di rosso. **(a) (tav. 1/P56)**. Variante: d'argento alla croce di nero caricata da 5 conchiglie del primo.

Pierre signore di SAINT-CLAIR, Cavaliere. Signore di Val-d'Oise e Sérifontaines. Coadiuva Guillaume Martel nella sua carica di Porta Orifiamma. Morto in battaglia. Porta d'azzurro alla banda d'argento. **(a)**

▶ **Restituzione grafica della lastra terragna di Tiberto Brandolini,** datata intorno al 1397. L'aspetto degli uomini d'arme francesi dei primi anni del 400 è da considerarsi del tutto simile a quello visibile in questa raffigurazione.

Graphic reconstruction of the earthy sheet of Tiberto Brandolini, dating to 1397. The appearance of the French men-at-arms of the first year of 400 is considered very similar to that seen in this representation.

◀ **Un Cavaliere indossa l'armatura con l'aiuto dei suoi paggi.** La miniatura (1410/1414) illustra l'opera di Christine de Pizan, l'autrice che più di ogni altro ha esaltato con i suoi scritti il mondo cavalleresco della Francia degli ultimi Valois. Si osservi qui la magnificenza delle linee compatte dell'armatura di questo Cavaliere illeggiadrite dal trionfo di piume e penne in apice al bacinetto. (Londra, British Library, Harley, MS 4431)

A knight wearing armor with the help of his pages. The miniature (1410/1414) describes the finest work of Christine de Pizan, the author who has valorized with his writings the world of chivalry of France of the last Valois. Note here the magnificence of the lines of this compact armor Knight adding the triumph of feathers to the bascinet end. (London, British Library, Harley MS 4431)

Sanson de SAINT-GERMAIN, scudiero al servizio del duca d'Alençon. Porta di rosso al capriolo d'argento accompagnato da 3 piatti dello stesso. **(b) (tav. 2/H4)**

Guillaume de SAVEUSE, Cavaliere, signore d'Inchy. Orleanista. Morto in battaglia. Porta di rosso alla banda d'oro accompagnata da 6 (3,3) biglietti del secondo. **(b,c) (tav. 1/M)**. **Hector** e **Philippe** entrambi morti, portano le stesse armi.

Colinet de SEMPY. Maresciallo di Guyenne, consigliere del re e balivo d'Amiens. Morto in battaglia. Porta d'argento al leone di nero con coda biforcuta passata in croce di S. Andrea. **(b) (tav. 1/P57)**

Georges de la TRÉMOILLE, conte di Guines, Boulogne e Auvergne, barone di Sully, Craon, sainte-Hermine e Ile-Bouchard, signore di Jonvelle. Catturato. Dopo la liberazione diventa il favorito del re Carlo VII. Porta inquartato: al 1° e al 4° d'oro al capriolo di rosso accompagnato da 3 aquilette d'azzurro, beccate e membrate di rosso (La Trémoille); al 2° e al 3° d'argento all'aquila bicefala di rosso membrata d'oro (Jonvelle). **(a,b) (tav. 1/P58)**

Jacques conte di VENTADOUR. Catturato. Porta scaccato d'oro e di rosso. **(b) (tav. 1/P59)**. suo figlio **Charles** porta le stesse armi e segue il padre nella cattura **(b)**

Robert VII signore di WAVRIN, di Lillers e Mallonay. Siniscalco di Fiandra. Consigliere e ciambellano del duca di Borgogna. Morto in battaglia. Porta d'azzurro allo scudetto d'argento in cuore. **(a,b,c) (tav. 1/P60)**. Anche suo figlio **Robert VIII** muore in battaglia. Porta le armi del padre differenziate da un lambello d'argento. **(a,b,c)**. Lo scudiero **Jean**, bastardo di Wavrin è uno dei testimoni oculari alla cui penna si deve il racconto della battaglia di Azincourt.

BIBLIOGRAFIA

AA.VV.: *I Plantageneti,* Milano, 1972. (Periodici Mondadori).
AA.VV.: *I Valois,* Milano, 1972. (Periodici Mondadori).
AA.VV.: *la guerre au Moyen Age.* Chateau de Pons, catalogo della mostra, Pons, 1976.
AA.VV.: *L'église abbatiale de Saint-Denis (tome II), les tombeaux royaux,* Saint-Denis.
AA.VV.: *Vocabulaire-Atlas Héraldique, Français, English, Deutsch, Espanol, Italiano, Nederlandsch,* Paris, 1952.
Adam-Even, P. (a cura di): *Gelre, Armorial, B.R. ms. 15652-26,* Leuven, 1992.
Allmand, C.: *la guerra dei Cent'Anni,* Milano, 1990.
Aquilina, R. e M.: *L'Héraldique de la Chevalerie Francaise à Azincourt, voll. I e II,* Orléans, 2001-2002.
Ashdown, C.H.: *British and Continental Arms and Armour,* New York, 1970.
Barber, R.: *Cavalieri del medioevo,* Casale Monferrato, 2001.
    Edward, Prince of Wales and Aquitaine, Woodbridge, 1996.
    Life and Campaigns of the Black Prince, Woodbridge, 1997.
Barberini, M.G.(a cura di): *Belle e terribili. La collezione Odescalchi. Armi bianche e da fuoco,* Roma, cat.2002.
Bartlett. C.: *English Longbowmen 1330-1515,* London, 1995.
Belleval, R. de: *Azincourt,* Paris, 1865.
Belz, G.F.: *Memorials of The Most Noble Order of the Garther,* London, 1841.
Bennet, M.: *Agincourt 1415,* London, 1991.
Blair, C.: *European Armour, circa 1066 to circa 1700,* London, 1958.
Boccia, L.G.: *Le armature di S. Maria delle Grazie di Curtatone di Mantova e l'armatura lombarda del '400,* Busto Arsizio, 1982.
    (a cura di): *Armi difensive dal medioevo all'età moderna,* Firenze, 1982.
Boccia, L.G. – Coelho, E.T.: *L'arte dell'armatura in Italia,* Milano, 1967.
Boccia, L.G. – Rossi F. – Morin, M.: *Armi e Armature Lombarde,* Milano, 1980.
Boos, E. de: *Marches d'Armes III,* Berry, Paris 1989.
Boulton, D'A. J. D.: *The Knights of the Crown,* Woodbridge, 1987.
Bozzolo, C. – Loyau, R.: *La cour amoureuse dite de Charles VI, voll. I e II,* Paris, 1982- 1992.
Brooke-Little, J. P.: *Boutell's Heraldry,* London, 1973.
Burke, Sir B.: *The General Armory of England, Scotland, Ireland and Wales,* London, 1984.
Cannon Willard, C.: *Christine de Pizan. The book of Deeds of Arms and Chivalry,* Pennsylvania State university, 1999.
Cardini, F.: *Guerre di primavera,* Firenze, 1992.
Contamine, P.: *Guerre, état et société à la fin du Moyen Age,* La Haye Paris, 1972.
    La Guerre de Cents Ans, Paris, 1972.
    Azincourt, 1964.
Crollalanza, G. di: *Enciclopedia Araldico-Cavalleresca,* Bologna, 1980.
Crossley, F.H.: *English Church Monuments, A.D. 1150 – 1550,* London, 1933.
Curry A.: *The Battle of Agincourt. Sources and Interpretations,* Woodbridge, 2000
    Agincourt 1415, Charleston, 2000.
Curry, A. – Hughes, M.: *Arms, Armies and Fortifications in the Hundred Years War,* Woodbridge, 1994.
De Vita, C. (a cura di): *Armi bianche dal medioevo all'età moderna,* Firenze, 1983.
Earle, P.: *The Life and Times of Henry V,* London, 1972.
Embleton, G.: *Medieval Military Costume,* Marlborough, 2000.
Featherstone, D.: *Bowmen of England,* London, 1974.
Felgate, T.M.: *Knights on Suffolk Brasses,* Ipswich, 1976.
Fossier, R.: *Storia del medioevo (III vol.). Il tempo delle crisi,* Torino, 1987.
Foster, J.: *The Dictionary of Heraldry,* London, 1989.
Fowler, K.: *The age of Plantagenet and Valois,* London, 1967.
Friar, S. – Ferguson, J.: *A New Dictionary of Heraldry,* London, 1993.
Froissart, J.: *Chroniques,* Paris, 2001
Funcken, L. e F.: *Le costume, l'armure et les armes au temps de la chevalerie, voll. 1 e 2,* Tournai, 1977-1978.
Giorgetti, G.: *L'arco la balestra e le macchine belliche,* Milano, 1964.
Gravett, C.: *English Medieval Knight 1300-1400,* Oxford, 2002.
    English Medieval Knight, 1400-1500, Oxford, 2001.

Greenhill, P.: *Heraldic Miniature Knights,* Lewes, 1991.
    Heraldik Sketchbook, Lewes, 2009.
Greenhill P. – Venturi, M.: *Creating Miniature Knights – Cavalieri in Miniatura,* Firenze, 2006.
Guelfi Camajani, P.: *Dizionario araldico,* Bologna, 1978.
Haasse, H.A.: *Vagando per una selva oscura,* Milano, 1993 (romanzo storico).
Hallam, E. (Gen. Edit): *The Plantagenet Encyclopedia,* London, 1996.
Harmand, A.: *Jeanne d'Arc, ses costumes, son armure. Essai de reconstitution,* Paris, 1929.
Hattinger, F.: *Les très riches heures du Duc de Berry*, Berne, 1976.
Hawley Jarman, R.: *Crispin's day. The Glory of Agincourt*, London, 1979
Heat, I.: *Armies of the Middle Ages, voll. I e II*, Worthing, 1982-1984.
Houston, M.G.: *Medieval Costume in England and France,* New York, 1996.
Hibbert, C.: *Agincourt,* London, 1964.
Huizinga, J.: *Autunno del medioevo,* Milano, 1998.
Hyland, A.: *The War Horse 1250-1600,* Stroud, 1998.
Joubert, P.: *Nouveau guide de l'héraldique,* Rennes, 1984.
Keegan, J.: *Il volto della battaglia,* Milano, 2005.
Kelly, F.M. – Schwabe, R.: *A Short History of Costume and Armour, 1066-1800*, London, 1931.
Kightly, C.: *Agincourt,* New Malden, 1974.
Knight, P.: *Henry V and the Conquest of France 1416-53*, London, 1998.
Kohlmorgen, J.: *Der mittelalterliche Reiterschild*, Wald-Michelbach, 2002.
Lehnart, U.: *Kleidung & Waffen, voll. I, II e III, Wald-Michelbach,* 2000, 2003, 2005.
Lévis de Mirepoix: *La guerra dei cent'anni,* Novara, 1974.
Louda, J. – Maclagan, M.: *Les Dynasties d'Europe,* Paris, 1984.
Martin, P.: *Armes et Armures de Charlemagne à Louis XIV,* Fribourg, 1987.
Natati, C. – Telleri, N.: *Archi e balestre nel medioevo*, Tuscania, 2006.
Nicolas, Sir H.: *The History of the Battle of Agincourt,* London, 1970.
Nicolle, D.: *French Armies of the Hundred Years War*, Oxford, 2000.
Norman, V.: *Armi e armature,* Milano, 1967.
Norman, V. – Pottinger, D.: *English weapons and Warfare 449-1660,* London, 1979.
Norris, H.: *Medieval Costume and Fashion,* London, 1927.
Oakeshott, E.: *The Sword in the Age of Chivalry,* Woodbridge, 1998.
Pastoureau, M.: *Traité d'Héraldique,* Paris, 1993.
Peacock, J.: *Costume 1066-1966,* London, 1986.
Popoff, M.: *Marches d'Armes I, Artois et Picardie,* Paris, 1981.
    Marches d'Armes II, Normandie, Paris, 1985.
Price, B.R.: *Techniques of Medieval Armour,* Boulder, 2000.
Rietstap, J.B.: *Armorial General, voll. I e II*, London, 1988.
Rossi, F.: *Guida al Museo delle Armi "Luigi Marzoli",* Brescia, 1988.
Rothero, C.: *The Armies of Agincourt,* London, 1981
    The Scottish and Welsh Wars, London, 1984.
Scalini M.: *Armamento difensivo trecentesco. Museo Nazionale del Bargello,* Firenze, 1984.
Seward, D.: *The Hundred Years War. The English in France,* London, 1988.
St. John Hope, W.H.: *Heraldry for Craftsemen & Designers,* London, 1913.
Strickland, M.: *Armies, Chivalry and Warfare in Medieval Britain and France,* Stamford, 1998.
Tarassuk, L. – Blair, C.: *The Complete Encyclopedia of Arms & Weapons*, New York, 1986.
Terenzi, M.: *Poppi in Casentino (Arezzo), Mostra di armi antiche, castello dei Conti Guidi,* cat. mostra, 1967.
Thordeman, B.P.D.: *Armour from the Battle of Wisby,* 1361.
Trivick, H.: *The Craft and Design of Monumental Brasses,* London, 1969.
Troso, M.: *Le armi in asta delle fanterie europee (1000-1500),* Novara, 1988.
Tuchman, B.W.: *Uno specchio lontano,* Milano, 1979.
Turnbull, S.: *The Book of The Medieval Knight*, London, 1985.
Viollet-le-Duc, M.: *Dictionnaire raisonné du mobilier français, voll. V e VI,* Saint-Julien, 1979.
Volbort, C.A. Von: *Araldica, usi, regole e stili,* Milano, 1992.

TITOLI PUBBLICATI - ALREADY PUBLISHING

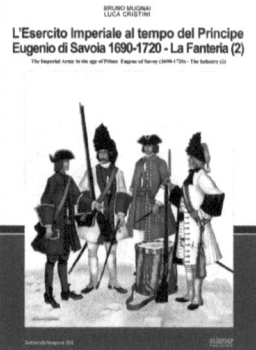

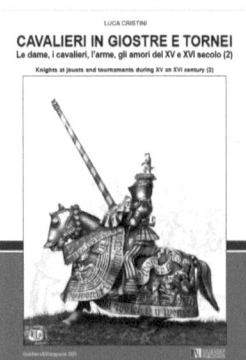

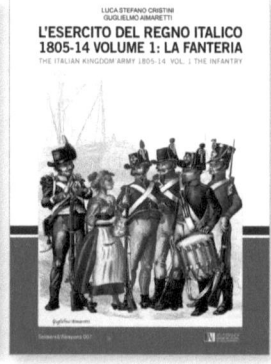

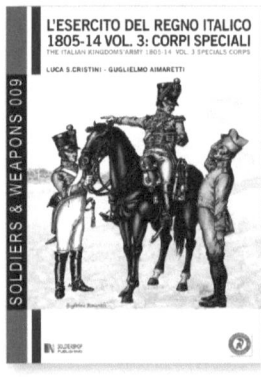

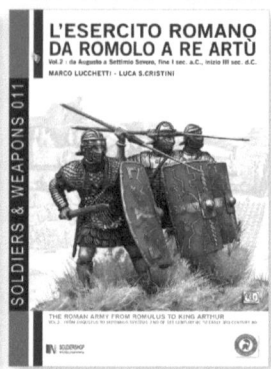

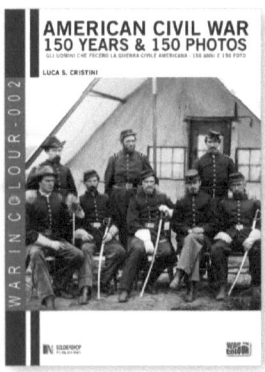
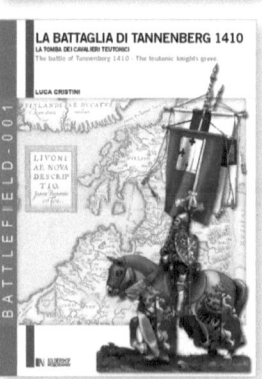
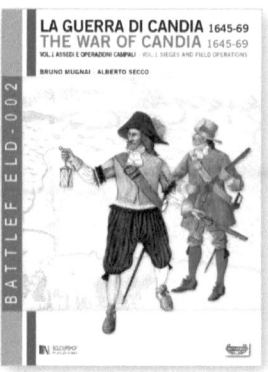

WWW.SOLDIERSHOP.COM